KB234634

아편과

근대중국

이 저서는 2010학년도 대진대학교 학술연구비 지원에 의한 것임

아편과

근대 중국

김재선 지음

한국학술정보(주)

머리말

◆

　"나의 힘은 큰 산을 뽑을 수 있고 기개는 세상의 인간을 덮을 수 있는데 현재 상황이 좋지 않구나. 아! 나는 어찌하여야 하는가? 나의 愛馬 추도 나아가려고 하지 않는구나! 우희야! 우희야! 내가 너를 어떻게 하여야 하느냐?"

　항우의 노랫소리에 우희가 눈물을 흘리며 춤을 추면서 "당신의 의기가 다하였는데 내 어찌 생을 즐기겠는가?"라고 노래로 화답하였다. 노래를 마치자 우희는 검을 뽑아 스스로 자결하였다.

　후에 그녀가 자결하고 피 흘린 자리에는 곱고 붉은 한 송이 아름다운 꽃이 피었다. 이로부터 이 꽃의 이름은 우희의 별칭인 **우미인**(虞美人)이라고 불렸다고 한다. 이러한 연유로 마음속 깊이 외로움과 그리움의 마음을 일게 하는 우미인(양귀비)은 이별과 죽음 그리고 슬픔을 상징하는 꽃이 되었다.[1]

여기에서 지칭하는 '우미인'이라는 꽃은 바로 우리가 '양귀비'라

---

[1] 중국에서 양귀비는 단지 당 현종의 愛妃일 뿐이며 이 꽃과는 관련이 없으며 오히려 패왕별희로 유명한 우미인과 관계가 깊다. 그런데 우리나라에서는 무슨 연유로 또 언제부터 현종의 왕비인 양귀비를 양귀비꽃 이름으로 하였는지는 알 수 없다.

고 부르는 꽃이며 '우미인' 혹은 '양귀비'는 모두 중국 절세미인의 이름이며 또한 아름다운 꽃이라는 데서 기인한다. 그러나 이 두 미인은 절세미인인 동시에 傾城傾國의 성향을 띠고 있다. 이들은 양귀비와 같이 아름다우나 나라의 기운을 쇠하게 하든가 또는 국란을 불러일으킨 여인들이란 점에서 흡사하다.

나는 4~5살 어릴 적에 춘천의 소양강 강변의 고향 집에서 초여름이 되면 혼자서 정원에 핀 양귀비꽃을 즐겨 보고는 하였다. 花無十日紅이라지 않았는가? 잠깐 동안 아름다움과 향기를 마음껏 뽐내고는 조금도 망설이지 않고 떠나가 버리는 매정함에 꽃에는 정을 두기가 두렵다. 그러나 양귀비꽃의 아름다움에 나는 마음을 두지 않을 수 없었다. 어릴 적이었지만 놀라울 정도로 선명한 색상과 곱고 가녀린 자태에 매료되어 종일토록 양귀비꽃을 바라보던 기억이 난다.

들판에 외로이 서서 한 서린 몸을 부르르 떨면서 그 예쁜 얼굴을 피어 내는 가녀린 모습에 가슴이 무너져 내린다. 아름다움을 선물하면서도 되돌릴 수 없는 치명적인 독을 품고 있는 양귀비.

"너는 천국의 열쇠이며 너만이 이러한 선물을 가져다줄 수 있으니 아! 미묘하고 위대한 아편이여!" (토머스 드퀸시)

아편은 인간의 정신을 마비시켜 아파도 아파하지 않으며 화나도 화내지 않으며 슬퍼도 슬퍼하지 않게 하는 진통, 진해, 진정, 최면의 순수한 공능을 가진 신비의 영물이다.

그래서 지금으로부터 6천여 년 전부터 현명한 우리 선인들은 이러한 효능을 따라 아편을 아픔과 고통을 기쁨으로 변화시키고 마음을 안정시키는 용도로 지혜롭게 사용하였다.

고대 이집트에서 양귀비는 '神花'로 불렸다. 또 고대 그리스에서는 양귀비꽃을 찬미하기 위해서 농업을 관장하는 女神 손에 양귀비 꽃 한 송이를 들게 하였으며 그리스 신화에도 양귀비의 이야기가 전해지고 있다. 히프노스(Hypnos)는 지하의 암흑계에 살며 수면과 꿈을 주는데 그의 아들 모르페우스(Morpheus)가 손에 양귀비꽃을 들고 잠이 든 아버지가 놀라 깨지 않도록 깊이 잠든 부친을 수호하고 있다는 전설이다.

당 현종 愛妃의 재색이 천하제일이라 하여 양귀비라 하였던 꽃 중의 꽃 양귀비. 들판에 외로이 화사하게 서 있는 양귀비는 그 색상과 자태가 다른 꽃들이 같이하기에는 너무나 부족하며 또 보기에도 눈부실 정도로 아름다움을 자랑하지만 그 내면에는 고통과 쾌락 그리고 아픔과 즐거움이 공존한다. 양귀비꽃 자체는 그것을 그다지 깨닫지 못하고 피어 있을 것이다.

그 선택과 책임은 본인에게 있는 것이다. 어리석은 자는 향기를 느끼지 못하여 슬픔과 고통 속에 생을 마칠 것이며 지혜롭고 현명한 자는 향기와 행복과 기쁨을 자신이 깨닫는 만큼 얻고 누릴 것이다. 아편은 잘 활용하면 마법처럼 아픔을 기쁨으로 변화시키는 효능이 있지만 이를 잘못 이용하게 되면 삶의 기쁨을 일순간에 파멸과 슬픔으로 변하게 할 수 있다.

마취와 최면의 작용을 하는 아편은 몸과 마음을 진정시켜서 마음을 편안하게 해 주는 공능이 있다. 그러나 계속 복용하게 되면 필경에는 아편이 없이는 살아갈 수 없게 된다. 또한 경제적으로도 어려움을 겪게 되고, 정상적 사회생활이 불가능하며, 은둔의 생활을 해야 하며, 결국에는 죽음의 길을 선택해야 하는 것이 실상이다.

중국이 근대화되는 계기가 되었던 아편전쟁은 중국 민중에게 씻을 수 없는 상처를 남겨 놓았을 뿐만 아니라 전 세계 민중들의 공리를 농락하는 세기의 반인륜적 사건이었다. 영국은 대중국 무역적자를 해결하기 위하여 독성이 강한 아편을 침략의 도구로 이용하였다. 이해할 수 없는 반인권적 정책이었다.

무역적자를 만회하기 위하여 아편을 대량으로 수출하였던 영국은 금연정책이 시행되자 총과 대포를 앞세우고 청 왕조를 강제로 개방시킨다. 총과 대포에 대항할 힘이 없어 어쩔 수 없이 문을 열고 대외개방정책을 실시하였던 청 왕조는 이 아편이 화근이 되어 이때부터 중국 사회는 분열과 갈등이 이어졌고 외적으로는 서구열강의 끝없는 침략을 받게 되었다.

결국 광서 정권은 1894년 작은 섬나라에 불과하였던 일본과의 싸움에서 대패함으로써 자멸을 자초하였고 1911년 청 왕조는 멸망하고 마지막 봉건왕조로 역사에 남게 된다.

아편전쟁 이후 중국 땅에서 아편 흡입은 더 이상 불법이 되지 않았으며 심지어는 지식인과 여유 있는 자들의 사치스런 생활필수품이 되었다. 이후 중국 사회에서는 아편을 피우는 자도 파는 자도 아편을 대수롭지 않게 다루고 더 이상 눈치를 보지 않게 되니 온 국민은 아편 귀신이 되었으며 결국 아편은 망국의 아편이 되었다.

아편전쟁에서 신해혁명에 이르는 중국 근대 시기의 역사는 백성들이 극복하기 어려운 재난의 시기였다. 그들은 갈 길을 잃고 마음을 둘 곳이 없었으며 정신은 황폐해지고 지친 육체는 병들어 절망의 나락에 빠지게 되었다. 그들은 비참하게도 죽지 못해 살아가는 절망적인 삶을 살아갔다.

나 자신의 문제인데 누구를 원망할 수 있겠는가? 만일 당시의 위정자들이 세계 조류의 흐름과 변화에 좀 더 민감하게 반응하고 대처하였다면 중국 근대 시기의 역사는 절망과 고통의 역사가 아닌 희망과 행복의 역사, 후퇴가 아닌 좀 더 발전적인 역사가 이루어지지 않았을까? 그들의 삶이 이리도 피폐하고 어렵게 되는 것은 피할 수 있지 않았을까?

위정자는 萬物을 蘇生하게 하는 봄볕이 얼어붙은 大地를 살아 숨 쉬는 대지로 만들고 백화가 제방(齊放)하게 하듯이 백성들의 삶에 희망과 행복과 기쁨을 주어야 할 책임이 있는 것이다.

자신의 영욕과 사리를 위하여 존재하는 지도자는 개인 자질의 문제가 아니라 역사의 죄인이며 매국노인 것이다. 그들은 역사 앞에서 책임을 져야 할 것이다. 지도자는 국민에게 꿈과 희망을 주어야 할 막중한 책임이 있는 것이다.

위정자는 국가와 민족에 대한 사랑의 정신이 있어야 한다. 위정자는 자신이 해야 할 일에 대해 책임을 다해야 할 막중한 임무가 있다. 중국 현대사 시대의 역사적 영웅 장학량은 말하지 않았는가? **"我是愛國狂" – "나는 미치도록 나라를 사랑하노라"고.**

위정자는 애국에 미쳐야 하고 또 자신을 희생하여 국가와 민족과 인민을 위하여 헌신하고 봉사해야 할 의무가 있다. 중국 근대사 시기의 역사는 아픔과 슬픔의 역사였다. 무엇이 이들을 그렇게도 아프고 슬프게 하였는가? 상처받은 이 시기의 역사에서 우리가 얻어낸 교훈은 무엇인가? 본서를 통하여 이에 대한 해답을 얻는 데 조금의 도움이라도 되었으면 하는 바람이다.

끝으로 본서의 출판에 도움을 주신 한국학술정보(주) 관계자분들께 진심으로 감사드리며, 또한 삶의 의미와 용기와 희망 그리고 사랑을 주신 내가 사랑하는 모든 분들께 감사의 마음을 전하고 싶다.

소양강 강변에서

김재선 씀

contents

들어가는 말 / 17

 제1장　중국 근대 외교문제 / 27

1. 속국문제 / 27
2. 3궤9고(三跪九叩) / 31
3. 속국과 외교문제 / 34

 제2장　아편전쟁 / 41

1. 아편전쟁의 서막(序幕) / 41
2. 아편 금지와 전쟁 발발 / 47
　1) 아편 금연책 / 47
　2) 아편 금지와 전쟁 발발 / 51
3. 전쟁의 경과 / 54
4. 제2차 아편전쟁 / 59
5. 아편전쟁 후 중국 사회의 변화 / 63

 제3장　태평천국 혁명운동 / 67

1. 『정유이몽』과 그 의의 / 67
　1) 『정유이몽』 / 67
　2) 『정유이몽』에 나타난 중심사상 / 72

2. 배상제회 종교의 창설과 태평천국건국 / 75

   1) '배상제회' 종교의 창설 / 75

   2) 태평천국의 건국 / 79

3. 천조전무제도 / 84

   1) 천조전무제도의 기원 / 84

   2) 천조전무제도에 나타난 기본사상 / 86

4. 내홍과 멸망 / 87

5. 북방에서 일어난 농민 거사군 염당(捻黨) / 96

양무운동 / 99

1. 양무운동의 시작 / 101

2. 양무운동의 종류 / 104

3. 양무파와 수구파의 쟁론 / 106

4. 양무운동의 평가 / 110

청일전쟁과 청 왕조의 쇄락 / 117

1. 청일전쟁의 발생원인 / 117

2. 전쟁의 과정과 조약체결 / 122

3. 제당과 후당의 논쟁 및 청일전쟁의 역사적 의의 / 127

제6장 유신운동 / 133

1. 유신운동의 배경 / 133
    1) 강유위와 공거상서(公車上書) / 134
    2) 공거상서의 내용 / 137
2. 백일유신 / 141
3. 무술정변 / 147

제7장 의화단 운동 / 153

1. 의화단의 유래 및 특성 / 153
    1) 의화단의 유래 / 153
    2) 의화단의 특성 / 156
2. 8국 연합군의 북경 침입 / 159
3. 신축조약 / 163
4. 청 정부의 멸망과 중화민국건립 / 164

마치는 말 / 173

참고문헌 / 181

들어가는 말

어떤 관리들은 자기 혼자만 아편을 피우는 것이 아쉬운지 온 가족이 다 피웠다. 성이 왕인 한 관리는 지방으로 전근을 가면서 온 가솔을 데리고 가는데 그의 이삿짐 차 뒤에는 또 하나의 커다란 짐차가 있었다. 그런데 그 차 안에는 온 가족이 피우는 아편 도구들이 실려 있었다고 한다. 어떤 사람이 왜 아편 도구들을 따로 한 차에다 실었는지 그 연고를 물었더니 그 왕씨 집에서 일하는 하인은 그 연유를 상세히 설명하여 주었다.

짐차 안에는 아편도구가 도합 36개가 있는데 재미있는 것은 왕 어르신의 것 외에 마님 것, 아드님 것, 며느님 것, 손자 것, 손부 것 등 일가족이 피우는 것 외에 막료들이 피우는 아편도구까지 아편도구는 마침 『수호지』에 나오는 천강의 숫자하고 똑같이 36개라고 설명해 주었다. 이 하인은 이어서 이 관리의 집이야말로 정말 아편 귀신 집안이라고 말할 만하다고 비웃었다고 한다.

『근 십년의 괴현상』에서는 아편 중독에 빠져 혼이 나간 지현(현감)에 대한 이야기를 이렇게 서술하고 있다. 그는 늘 신변에 아편 봉지를 준비해서 다녔는데 어느 하루 그가 다른 사람들과 함께 저녁 식사를 하던 중 갑자기 아편이 피우고 싶어 발작을 하려고 했다. 그는 다른 사람들이 눈치 챌까 걱정이 되어 몰래 가지고 온 손가락 반만 한 아편 봉지 두 개를 꺼내 입에 넣고 일부러 뜨거운 커피 안에 우유를 많이 넣어 차게 만들어 한입 마시면서 두 봉지의 아편을 뱃속으로 보냈다고 한다.[2]

격동의 중국 근대 시기에 광동성에서 태어나 어릴 때부터 이러한 이상한 사회 현상들을 직접 보면서 느끼고 마음 아파하였던 오연인(1866~1910)은 이러한 사회 풍조를 정말로 괴이한 현상이라고 하면서 『20년간 목도한 괴현상』이라는 책을 저술하였다.

그는 이 책에서 아편 흡입을 근절하기 위해서는 '아편 피우는 세금'을 물리고 이들의 집은 '아편 가정'으로 등록시켜 과거시험을 볼 수 없게 하며 또한 상업에도 종사할 수 없게 하여야 한다는 이론을 펼치기도 하였다.[3]

---

2) 이교, 『청대관장백태』, 북경: 중국 인민대학출판사, 1990년, 144쪽.

이처럼 아편으로 인한 중국 사회의 변화와 충격은 상상 이상이었다. 줄곧 천하의 중심이라는 망존자대(妄尊自大)한 과대망상에 사로잡혀 변화를 거부하고 세계의 흐름을 제대로 읽지 못하고 철저한 쇄국정책을 펼쳐 온 청 왕조는 영국 해군의 위용에 놀라워했다. 영국의 침략에 저항하기에는 구식무기로 무장한 청의 군사력이 너무나 보잘 것없었다.

14세기 지중해 연안에서 싹트기 시작한 자본주의는 억제할 수 없는 힘으로 500여 년 동안 전 세계를 격동의 소용돌이 속에 몰아넣는다. 중국의 경우도 16세기부터 자본주의의 싹을 피우기 시작하였으며 아편전쟁이 발생하자 갑자기 중국의 대문이 활짝 열리면서 중국 사회는 노동자와 자본가계급이 사회경제의 전면에 들어서게 된다. 중국 근대사의 상한선을 아편전쟁으로 두는 이유가 여기에 있다.

중국 근대사가 시작되는 **아편전쟁**은 영국이 중국에 대한 무역 적자를 메우기 위하여 대량으로 아편을 팔았고 이로 인하여 중국과 영국 간에 마찰이 생겨서 발발하였다. 아편문제에서 전쟁이 시작되었고 또 아편은 이 전쟁의 상징이 되었기에 역사에서는 이 전쟁을 아편전쟁이라 명명하였다.

전쟁의 결과는 중국의 대패로 막을 내린다. 이후 중국 내에서

---

3) 오연인, 『20년간 목도한 괴현상』, 상해: 상해서점출판, 1994년.

의 아편문제는 왕조의 존망과 관계되는 중대한 문제로 대두되었
고 결국 1911년 청 왕조는 중국 역사상 마지막 왕조로 기록되며
멸망하여 역사무대에서 사라졌다. 이후부터 중국 사회는 민주공
화국의 시대가 전개된다.

이 시기 아편문제는 청 왕조를 개방시킨 역할을 한 동시에 멸
망시킨 역할을 하였다. 아편전쟁이 중국의 대패로 끝나자 중국 내
에서의 아편거래와 흡입은 사실상 통제가 불능한 상태로 되었다.

이후부터 아편은 관리들과 지식인 그리고 부유층의 없어서는
안 되는 생활필수품이 되었으며 관리들 중 열에 아홉이 아편을
피웠고 더 심각한 문제는 이러한 망국적인 아편 흡입의 풍조가
전국적이며 전 사회계층으로 번져 나가게 된 사실이다.

1970년대에 만난 중국 광동성에서 홍콩으로 이주해 온 중국
본토 중국인으로부터 들은 이야기는 그의 할머니께서 아편을 피
웠는데 그 할머니는 젊어서부터 피운 아편이라 아편 없이는 하
루도 지낼 수 없었다고 한다. 할머니께서 아편을 배운 것은 시집
간 후 그녀의 시어머니로부터였다. 많은 집안일을 하느라 바쁘고
힘들 때 한 번씩 피우면 좋다고 가르쳐 주셨다고 한다. 아편을
마치 큰 선물과 선심을 표현하는 데 쓰는 대용물이나 또는 만병
통치의 물체로 착각하였다. 이때 이미 중국 백성들에게는 아편에
대한 두려움이나 거부감이 사라지게 되었다고 한다.

영국인 토머스 드퀸시는 아편을 복용한 후 그에게 일어난 신

기한 개인적 경험을 솔직히 표현하였다.

> 만나나 암브로시아와 같은 것, 천국의 즐거움, 불사의 약, 오! 맙
> 소사! 대단한 변화가 내 영혼의 밑바닥으로부터 급격하게 솟구쳐 올
> 라온다. 고통은 사라졌고 이제 통증은 하찮은 것이 되어 버린다. 인
> 간의 모든 고뇌를 덜어 주는 만병통치약, 거기에 행복에 이르는 비
> 밀이 있으니 행복은 이제 1페니에 살 수 있고 조끼주머니 속에 넣어
> 다닐 수 있다. 정신의 기능들 중에서 가장 고통의 뿌리를 제거함으
> 로써 건강한 상태로 돌아간다. 교묘한 질서와 조화를 이끌어 낸다.
> 도덕적인 영향이 구름 한 점 없이 맑고 평정한 상태에 놓여 있고 장
> 엄한 지성의 위대한 빛줄기가 모든 것 위에 비치고 있는 상태, 너무
> 나 행복한 나머지 시간이 가는 것을 잊었다. 황홀감에 빠진 사람들
> 이 피할 수 없는 고독과 침묵을 찾게 되며 이는 인간 본성에 주는
> 영향 가운데 왕관이며 극치이다. 가난한 사람의 마음과 부자의 마음
> 에 똑같이 치유할 수 없는 고통을 완화시켜 줄 진통제를 가져다주
> 며 분노의 목적들을 훔쳐가 버린다.[4]

그러나 아편은 장기적으로 복용할 경우에 만성중독이 되어 신
체의 불균형을 가져와 소위 아편 귀신이 된다. 심각할 경우에는
호흡곤란으로 사망하게 된다. 따라서 대부분의 국가에서는 약용
과 연구 이외에 재배를 엄하게 금지하고 있다.

아편전쟁 후 아편은 중국 사회에 급속도로 만연되어 수많은
관리와 지식인 그리고 일반 백성들이 아편으로 청춘을 허비하였
고 이로 인한 가정 파탄과 사회 안정은 기대할 수 없게 되었다.

---

4) Thomas de Quincey, 권태욱 외 9명 역, *The Pleasures and Pains of Opium*, 펀앤런, 1996년.

개인으로 볼 때는 죄악이었고 사회적으로는 재앙이었다.

당시 중국 사회에서 가장 심각한 문제는 아편을 관리하고 금지해야 되는 관리들에게 아편이 만연된 사실이다. 당시 이백원은 『문명소사』 중에서 말하기를 "현재 고급관리를 하는 사람들은 아편을 하지 않는 사람이 한 사람도 없다"고 하였다. 몇 가지 예를 들면:

1. 신기영 관리대신인 계상은 아편중독자였는데 한번은 8국 연합군의 침공으로 서태후를 따라 서쪽으로 도망을 간 적이 있었다. 이때 너무 황망하게 도망을 가던 나머지 아편을 가져가는 것을 잊었는데 가는 도중 옆에 있던 친구가 "자네 아편은 가져왔나?"라고 했더니 그 소리를 듣자마자 쓰러져 정신을 잃었다고 한다. 이때 그의 부하가 다른 관료에게 아편을 빌려 와서 몇 모금을 빨게 했더니 그때서야 안심이 되는지 정신이 돌아왔다고 한다.

2. 관리들의 아편 흡입은 일상사가 되었다. 어떤 관리들은 단추에 구멍을 내어 아편을 감추고 다니기도 하였고 또 복주의 한 신발 제조업자는 신발 밑창에 아편저장 특별장치를 발명하여 관리들에게 고가로 팔기도 하였다. 민현 현령 섭신제는 이 신을 신고 있다가 발각되어 파직당하기도 하였다.

3. 양광총독 관서에서 아편 금지문제로 회의를 개최한 적이 있었다. 이때 총독인 심보정은 다른 관리들과 같이 이미 도착해 있는데 이 문제로 중앙에서 파견된 포정사가 기다려도 오지 않았다. 이에 심보정은 사람을 시켜 재촉하였다. 그랬더니 한참 만에 나타난 포정사는 "자네들 왜 이리 재촉하나 나는 아직 두세 모금 아편도 피우지 못했는데! 이래 가지고 어떻게 정신을 차리고 회의를 할 수 있겠는가?"라고 하였다고 하였다. 이 말을 들은 사람들은 아연실색해서 어찌할 바를 몰랐다고 한다.[5]

문제 해결을 하여야 할 관리들이 이같이 오히려 아편 귀신이 되어 아편 흡입을 조장하니 아편전쟁 이후 아편문제는 단지 사회의 풍기 문제나 경제적인 문제를 넘어선 국가의 흥망성쇠를 좌우하는 국가적 위기와 연관되는 문제로 대두되었다.

아편전쟁의 패전과 이어지는 **태평천국 혁명**으로 국가는 위기 상황에 처하였다. 대포와 총칼의 위력에 굴복하고 중국의 대문이 활짝 열린 후 국가의 위기는 날로 심화되었다. 백성들의 생활은 피폐해졌고 상실감은 높아지게 되니 청 정부의 입장에서는 어떻게 하든지 간에 부국강병의 방법을 찾아내야만 하였다. 이에 청 정부는 왕조를 살릴 방법을 모색 중 부국강병의 책략으로 '**양무운동**'을 시행하게 된다. 그리고 양무운동을 시행한 지 30년이 지

---

5) 이교, 『청대관장백태』, 북경: 중국 인민대학출판사, 1990년, 142~147쪽.

난 후 청 왕조는 조선의 패권을 놓고 일본과 일전을 벌인다.

중국 근대 시기에 있어 중국인에게 충격을 준 가장 큰 사건은 아편전쟁과 청일전쟁에서의 패배라고 할 수 있다. 작은 섬나라로 여겨 왔던 영국과 일본과의 전쟁에서의 완패는 실로 중국인들에게 충격을 주었고 이후 청 왕조의 멸망에도 직접적인 영향을 미치게 된다.

1894년 조선을 무대로 **청일전쟁이** 발발하게 되었다. 연이은 포화와 천 리를 뒤덮은 낭연은 아시아 제국을 두려움에 떨게 하였으며 특히 일본의 비약적인 정치, 경제의 발전과 선진적인 군사력의 발전 앞에서 맥없이 뒷걸음질 치는 청 왕조의 모습을 보면 이미 과거의 팔기군의 용맹하고 위력적인 모습을 더 이상은 찾아볼 수 없었다.

이는 정치체제의 변혁이 없이 단지 서양의 선진적인 기술과 무기를 습득하여 체제 유지의 수단으로 삼으려는 근본적인 문제에서 그 원인을 찾을 수 있다. 이런 시점에서도 청 정부의 왕족과 관리들은 단지 자신의 권력 유지와 부의 획득에만 관심이 있었을 뿐 백성들은 그들의 안중에 있지 않았다.

1894년 음력 10월 10일은 일본이 요녕성 대련을 점령한 날이었는데 공교롭게도 이날은 서태후의 육순 잔칫날이었다. 이 육순 잔치를 1892년부터 준비하였던 청 왕실에서는 이러한 국가적 위기 상황에서도 육순 잔치 준비에 여념이 없었고 요녕성 대련의 백성들은 고통으로 신음할 때 북경에서는 육순 당일로부터 3일 밤낮을 군신들과 함께 잔치를 베풀며 즐거움을 나누었다고 한다.

일본의 중국 침략은 인류의 공리가 조롱당하고 농락을 받았던 또 하나의 큰 사건이었을 뿐 아니라 조선의 종주권을 주장하며 조선을 농락하던 청 왕조의 자존심마저도 무참하게 짓밟았던 대사건이었다. 이로부터 중체서용(中體西用)을 주장해 온 양무운동은 파산을 맞이한다.

중체서용을 통한 서양의 모방에만 30년을 공들인 결과는 처참한 것이었다. 그들의 청일전쟁에 대한 책략과 전술 그리고 군함과 대포는 일본의 적수가 되기에는 역부족이었다. 이에 청 정부가 선택한 것은 서양의 제도와 사회과학을 들여와 근본적인 면에서의 정치 개혁을 꾀하는 것이었다.

그러나 이 **유신운동**의 시도가 서태후와 수구 세력들의 견제로 실패로 끝나자 중국 사회는 더 이상 왕조를 존속시킬 동력을 얻지 못하고 드디어 신해혁명을 통하여 청 왕조는 멸망하였고 중국 사회는 역사적인 민주공화국 체제로 전환되게 된다.

1900년 **8국 연합군의 북경침략 때문에** 서안으로 피신을 간 서태후는 말발굽 소리가 싫어서 돌아오는 길에는 모든 길에 황토를 깔 것을 명령하였다고 한다. 강물을 만나면 배를 이어 다리를 만들고 그 위에 목판을 깔고 황토를 깔았다. 그녀는 가는 도중

자는 곳에는 궁전을 지었으며(行宮) 쉬는 곳에는 정참(正站)을 만들었고 차를 마시고 쉴 곳에는 일요참(日要站)을 만들었다.

정치체제의 변혁을 통한 근본적인 변혁이 없으면 민중들은 노예와 같은 생활을 계속할 수밖에 없었다. 드디어 1911년 10월 10일 **신해혁명** 이후 중국 민중들은 수천 년 동안의 굴욕과 노예생활에서 해방되었으며 당당히 머리를 쳐들고 가슴을 활짝 펴고 인간으로서의 삶을 살아갈 수 있게 되었다.

아편전쟁으로 시작된 아편문제는 아편의 중독성으로 인하여 그 맹렬한 기세는 1950년대까지 꺾일 줄을 모르다가 중공 정권의 탄생에 이르러 그 세가 드디어 꺾이게 된다. 중공정권 탄생 전까지 운남성 일대는 눈만 돌리면 양귀비 밭이 보일 정도로 중국 내 마약의 주 공급지 역할을 하였다. 떼돈을 벌 수 있다는 현실적인 이유로 대부분 사람들이 양귀비를 재배하였다. 그러나 1950년대 중공정권 탄생 이후부터는 철저하고 강력한 근절정책과 그리고 최근에는 제2의 아편전쟁을 선언하고 거래자는 공개처형을 시키는 등 강력한 정책전개에 의하여 역사가 남겨 놓은 상흔은 치료되고 진정되고 있다.

제1장
중국 근대 외교문제

1. 속국문제

상고시대 중국 화하족(華夏族)은 황하 유역 일대에 건국하였으나 이들은 이 지역이 천하의 중심이라 여기어 '중국'이라 칭하였으며 그리고 주변지역은 사방(四方)이라 하여 이때부터 중국은 한족을 일컫는 전문용어가 되었다.

중국은 또 '京師'라고 하기도 하며 여기서 '京'은 '大'이고 '師'는 '衆'으로서 '경사'의 의미는 대중이 사는 곳의 의미이며 또한 주변의 사방에 거주하는 四夷와는 대칭되는 의미이다.

이처럼 중국이라는 의미는 지리적으로 천하의 중심이라는 뜻이 있으며 이러한 의식은 지동설이 알려질 때까지 중국인의 마음속에 뿌리 깊게 박혀 있었다.

2000년대인 지금도 이런 사상을 지닌 중국인들을 실제 지식층에서 흔히 볼 수 있다. 이들은 처음 만난 우리나라 사람들과 친근하게 대화하다가도 불쑥 한국은 역사상 실제 중국에 속한 나라였고 친한 사이였다고 매우 자연스럽게 이야기하고는 한다.

예를 들면 중국의 H대 젊은 한 여교수는 대만이 중국의 일부분이고 한국은 분명 중국의 속국이었다는 역사적 사실을 받아들이지 않는 한국인에게 몹시 흥분하여 분개하기도 하였다.

이러한 의식을 바탕으로 그들은 스스로 天朝로 자처하여 주변의 민족을 평등한 독립국가가 아닌 중국의 속국으로 인식하고 평등한 외교관계를 수립하지 않았다.

여기에서 속국이란 주나라의 봉건제에서 유래한 것으로 봉건제는 주의 천자는 제후들에게 각지를 봉해 주고 이들로부터 정해진 시기에 공물을 받는 대신 그 지역을 대대로 세습할 수 있도록 한 것인데 이러한 조공과 책봉제도가 주변의 민족에까지 형식적으로 시행된 것이 바로 소위 종속관계인 것이다.

이러한 이론적 근거로 중국 학계에서는 우리 한민족의 역사를 중국의 자국사에 포함하는데 이에 관한 중국학계의 일반적인 논거를 요약하면 다음과 같다.

첫째, 한민족 상고 시기 건국된 나라들은 한족을 포함한 여러 민족이 참여하여 건국된 **다민족 연합정권**이다.

둘째, 역대로 고대 시기부터 조선에 이르기까지 한국은 **조공국**, 조공하는 나라였으며 역시 역대 왕조는 대대로 중국의 **책봉**을 받았다.

셋째, 고구려와 발해 등 상고 시기 건국된 국가들이 **현재 중국영토**에 포함되어 있다.

이 중 '**다민족 연합정권**'의 논리를 뒷받침하는 사료적 근거는 예를 들면 기자조선의 경우는 『원사』 등에 실려 있는 "고려는 본래 기자가 봉을 받은 지역이다(高麗本箕子所封之地)"[6]라는 기록과 위만조선의 경우 『사기』에 기재된 "조선왕 위만은 본래 연나라 사람이다(朝鮮王滿者故燕人也)"[7]라는 기록 그리고 발해의 경우는 『신당서』에 기재된 "발해는 본래 속말말갈 사람으로 고구려에 부속되어 있었다(渤海本粟末靺鞨附高麗者)"[8]에 근거를 두고 있다.

조공과 책봉의 관계 역시 『사기』에서 『청사고』에 이르기까지 『25사』에 일관되게 방대한 분량으로 기재되어 있는 것이 사실이다.

이러한 조공 관계로 대표되는 종속관계는 16세기에 이르러 포르투갈 상인들이 중국의 광주로 들어오면서 서서히 흔들리기 시

---

6) 『원사 · 고려전』 권 208.
7) 『사기 · 조선열전』 권 115.
8) 『당서 · 발해전』 권 219.

작하였으며 아편전쟁 이후에는 조공무역 체제가 급속도로 와해되기 시작한다.

강력한 군사력과 경제력을 앞세운 서양 세력이 조공무역을 인정하지 않게 되자 전통적인 조공무역 체제는 의미를 잃어버리게 된다.

우리는 과거 역사의 恩怨에 대하여 연연하거나 어깨에 짊어지고 다닐 필요는 없는 것이다. 그러나 진지하게 과거를 되돌아보고 그중에서 필요한 경험을 배우는 것은 반드시 필요한 것임은 의심할 필요가 없는 것이다.

국제정세란 하루에도 몇 번씩 변할 수 있는 관계이다. 자국의 흥망성쇠에 따라 주변국들과 유기적으로 급변하는 역동적인 관계이다. 모두 한마디로 표현한다는 것은 불가능하고 일시적인 현상만으로 국제정세를 논한다는 것은 모순되는 것이고 대세적으로 이러한 경향을 띠고 있다고 말하는 것이 오히려 옳은 표현이라고 사료된다.

중국의 일반적이고 일방적이고 일관된 자국 중심의 사료기술 방법은 저변에 중화사상이 농후하게 깔렸고 주변국들에 대해서는 夷狄蠻夷라는 표현을 사용하고 또 자신들이 그렇게 여겨 오고 당연한 것으로 받아들이는 것은 사실이다.

그러므로 사료기술에 있어서도 출발선부터가 다르다는 사실을 인정하고 이 점을 간과해서는 안 된다. 즉 대등한 관계에서 출발하는 것이 아니라 일방적으로 중화사상에 입각해서 자신들의 방식에 따라 사서를 서술하고 기록하고 있는 것이다.

이러한 사실을 모르고서 고전 사료를 접한다면 혼란스럽고 납득이 가지 않는 곳이 많은 것은 기정사실이다. 역대의 중국 사서를 살펴보면, 소위 이민족의 역사를 기술할 때는 현대적 의미에서의 자주적인 기록의 의미보다는 자국 중심의 왜곡된 관점으로 서술되어 있다.

주변국들의 역사에 대해 소개하면서 우리 민족과 관계된 국가에 대해서 그 명칭은 '사이전(四夷傳)' 혹은 '속국전' 혹은 '외국전'이라는 '전'을 설정하고 그 안에 주변국을 수록하고 있다. 이를 두고 역대 한중 관계를 조공 관계로 대표되는 종주국과 속국의 역사로 파악하려는 것은 역사적인 사실이 아니다.9)

2. 3궤9고(三跪九叩)

자신은 높이고 다른 사람은 낮추는 소위 중국식의 전통적인 조공무역 체제는 1840년 아편전쟁 이후에 완전히 타의적으로 이론적으로나 실제적으로 이미 유지가 불가능한 이론이 되어 버린다. 게다가 아편전쟁으로 영국에 의해 강제로 문호가 개방된 후

---

9) 당나라 시기의 한중관계가 종속관계가 아닌 대등한 관계였다는 사실은 『신당서』의 분석을 통해서도 확인해 볼 수 있다. 이와 관련된 상세한 고증은 졸저, 「신당서를 통해 본 한중관계 고찰」, 『한민족문화연구』, 27집 참조.

에 강력한 군사력을 앞세운 서양 제국주의 세력들이 지속적으로 일방적인 통상을 요구하고 나오니 이후부터 중국은 어쩔 수 없이 외국과 대등한 관계의 외교를 맺지 않으면 안 되게 된다.

역사는 돌고 돈다고 하지 않았던가? 정치 군사력이 강성한 시기에는 주변 민족들에게 비정상적인 조공무역 형태를 요구했던 중국이 아편전쟁 이후에는 똑같은 방식으로 중국 중심의 질서가 무너졌으며 또한 과거에 중국이 그랬듯이 제국주의 세력들에게 불공정한 무역을 하도록 강요받게 된 것이다.

당시 서양인들이 중국과 교역을 할 때 가장 어렵게 여기고 힘들어한 문제가 '3궤9고'였는데 '3궤9고'란 모든 신하 또는 외국 사신이 황제를 배알할 때 갖추어야 할 예절의 일종으로 황제에 대한 예를 표할 때 해야 되는 예절인 이 '3궤9고'는 상대국이 모욕감을 느끼게 하기에도 충분했을 뿐만 아니라 자국 군주를 존대하는 불공평한 예절이라 근대 평등외교를 부르짖던 서양인과는 물론 충돌을 일으키기에 충분했을 것이다. 그리고 이 '3궤9고'는 우리 역사에도 잊지 못할 치욕을 안겨 주기도 했다.

1636년 청 태종은 몽고족과 만주족, 한족으로 구성된 기마병 팔기군을 이끌고 조선을 침략한다(병자호란). 힘에 부친 조선의 인조임금은 삼전도(경기도 광주)에서 청나라 옷을 입고 청 태종에게 3궤9고의 예를 행했다고 한다.

이러한 만주족에게만 있었던 전통적인 예절 '3궤9고'는 중국과 서양의 외교관계 형성에 막대한 장애를 초래하였다. 그 당시 청나라 조정에 암암리 돌고 있던 우스갯소리로 관리생활을 성공적으로 하려면 3가지 예절을 잘할 줄 알아야 하는데 그 첫째는, 3궤9고(三跪九叩)이고 둘째는, 문안인사(請安)이고 셋째는, 반을 나누어 서 있는 것(站班)이라고 할 정도였으니 '3궤9고'는 외국인뿐만 아니라 중국인에게도 어느 정도 어렵고 괴로운 예절법인지 가히 짐작하고도 남음이 있다.

이러한 예절에 익숙하지 않고 서툴면 벼슬에 등문하는 것은 상상할 수 없었다. 이 중 중국 근대외교에 장애물로 등장한 3궤9고는 만주족의 샤먼교에서 유래한 것으로 신하가 황제에게 혹은 하관들이 상관들에게 하는 지극히 공경의 표시이다. 그 방식은 한 번 꿇어 엎드려 절하고 3번 조아리는 것을 똑같이 3번 되풀이하는 방식이다.[10]

또 3궤9고를 다한 다음에는 꿇어 엎드린 상태에서 황제가 일어나라고 할 때까지 계속해서 꿇고 있어야 하고 또 황제와 이야기하는 도중에 대답할 때마다 수시로 마늘을 빻는 것처럼 이마를 바닥에 조아려야 하니 대신들은 무릎과 허리 통증으로 많은 고통을 겪었다고 한다.

예를 들면 황제가 자신의 부친에 대해 언급할 때는 황제가 내리는 은총이라는 의미로 해석하여 이럴 때는 크고 우렁찬 소리

---

10) 『淸代宮廷薩滿祭祀初探』, 이수전 주편, 『淸代宮廷薩滿祭祀硏究』, 吉林: 吉林文史出版社, 1992년.

가 나도록 머리를 바닥에 세게 내리쳐야 했다.

이로 하여 대신들의 이마에 혹이 나고 피가 나는 것은 흔한 일이었다고 한다. 여기에다가 조아려야 할 때 조아리지 않으면 중죄에 해당하니 대신들은 가능하면 '다다익선(多多益善: 많을수록 좋다)'이라 하며 무조건 수시로 머리를 조아렸다고 한다.

3. 속국과 외교문제

청나라에서 행하였던 '3궤9고'의 예는 우리에게 뼈아픈 역사적인 치욕을 안겨 준 사연이 있는 제도이다. 1627년에 일어난 정묘호란(丁卯胡亂) 뒤 후금(後金)과 조선은 형제지국(兄弟之國)으로서 평화유지를 약속했다. 그러나 조선은 해마다 많은 액수의 세폐(歲幣)의 요구에 응하기 힘든 상황이었는데 태종은 또 사신을 보내 '형제지맹'을 '군신지의'(君臣之義)로 고치려 했고 그리고 세폐도 늘려 금 100냥, 은 1,000냥, 각종 직물 1만 2,000필, 말 3,000필 등과 정병(正兵) 3만 명까지 요구했다.

게다가 1636년 4월에 후금은 국호를 청(淸)으로 고치고 12월에 직접 조선 침략을 감행했다. 이때 조선의 인조임금은 우리 역사의 최대 굴욕으로 기록된 삼전도(三田渡)의 치욕을 당한다.

인조는 준비된 壇 위로 올라가 태종을 향해서 굴욕적인 3궤9고의 예를 행하였다. 머리에 피가 날 정도로 바닥에 이마를 내리쳐야 했다. 인조는 청 태종에게 군신의 맹세를 하였으며 그리고 청의 관리들도 힘들어했던 임금에 대한 예를 행하였다.

이러한 예절 방법은 청대 대신들조차도 심히 괴로워하였던 방식이었다. 그러나 더 큰 문제는 16세기부터 중국에 들어온 서방 국가들이 이러한 3궤9고 예절 방식에 대하여 문제를 제기하기 시작하였다. 결국 이러한 불합리한 제도는 서방과의 외교관계 형성과 유지에 큰 장애물이 되었다.

아편전쟁 이전에 청나라는 중국 외의 모든 나라를 오랑캐라고 여기고 나라로서 인정하지 않았기 때문에 외국과의 무역관계가 형성될 수 없었으며 이러한 이유로 대외무역 관계는 중국 측의 일방적인 조공무역 체제로 유지되었다.

조공무역은 바로 청의 대외관계의 기본원칙이었다. 따라서 아편전쟁 이전에는 외교관계를 처리하는 기구도 만들지 않았으며 조공 관계를 처리하는 기구만 있었을 뿐이었다.

아편전쟁 이전에 조공무역을 처리하는 기관은 다음과 같다.

1. 예부에 소속된 회동사역관(會同四譯館): 속국의 사신을 접대하는 곳.

2. 이번원(理藩院): 몽고와 신강성의 위구르족 그리고 이들과 인접해 있는 러시아 등과 관련된 변방의 사무를 관장함.

3. 군기처(軍機處): 본래는 군사와 관련된 일을 맡고 있었으나

청말에 와서는 군사와 외교가 연관성이 많아지자 외교와 관계되는 유지(외교문서)도 담당하게 되었다. 따라서 군사를 맡고 있었던 군기대신이 외교와 관계된 일을 황제와 의논하기 위하여 매일 궁에 들어가니 군기대신의 권한은 내각보다 컸다.

4. 지방독무(地方督撫)와 장군(將軍): 이들은 주로 조공사신의 출입국 관리와 접대 그리고 외교문서 번역 등을 총괄함.[11]

아편전쟁 이후에 전통적인 조공무역 체제로는 더 이상 대외관계를 유지하고 발전시킬 수 없게 되자 이에 1861년 3월 11일 외교관계를 처리하는 총리각국사무아문(總理各國事務衙門)이 드디어 탄생한다. 관장업무는 외국과 관련된 모든 업무로서 세관, 해군, 전신, 철도, 광산 등이 포함된다.

총리아문이 처음에 성립되었을 때에는 오랑캐라고 무시하였던 외국과의 일을 처리한다는 이유로 중시되지 않았으나 얼마 되지 않아 그 권한이 청 정부의 최고 실세로 자리 잡았으며 이후에는 중화민국 정부의 내각으로 발전하게 되었다.

아편전쟁 이후 드디어 중국 역사상 처음으로 외교관계를 처리하는 기구인 총리각국사무아문이 생긴다. 이전에는 중국 외의 다른 나라를 나라로 인정하지 않았기 때문에 조공을 받고 책봉을

---

11) 이붕년 외 4인, 『청대 중앙국가기관 개술』, 북경: 자금성출판사, 1989년 참조.

해 주는 것만 있었지 정상적인 대외관계는 있을 수 없는 일이었다. 따라서 총리아문이 만들어진 후에도 외교관 파견은 쉽게 해결될 수 없는 문제가 된다.

중국은 본래 대사를 파견할 의사가 없었으며 대사를 파견하게 되는 직접적인 이유는 서양 세력의 요구에 의해서이다. 예를 들면 제2차 아편전쟁의 결과 1858년 천진조약을 맺게 되는데 이 조약 중에 각국에서 중국에 대사를 파견하며 중국은 대등한 권리를 향유한다고 대사 파견문제가 분명히 명기되었다.

이처럼 서양 세력의 요청과 압력에 의해 1868년 중국 최초의 대사가 파견된다. 이해할 수 없는 일은 대사를 파견해야 하는데 아무도 대사직을 원하지 않았으며 심지어는 대사직을 맡아 부임하는 것은 죽음을 각오해야 하는 유배로 생각하고 있었을 뿐만 아니라 외국 사신으로 가는 것은 서양인의 인질이 되는 것으로 우려했다.[12]

이에 앞서 1866년 중국의 총세무사를 담당하고 있던 영국사람 로버트 하트(Robert Hart)는 총리아문에게 주는 『국외방관론(局外旁觀論)』에서 "중국이 사신을 외국에 주둔시키는 것은 자국의 이익을 보호할 수 있는 목적을 달성할 수 있다"고[13] 설득하기도 하였다. 그 결과 1866년 청 정부는 빈춘(斌椿)이 하트를 따라 유럽

---

12) 양백화, 『근대중국외교적거변－외교제도여중외관계적연구』, 대만대북: 대만 상무인서관 국민80(1991), 57
　　～60쪽.

13) 『주판이무시말(籌辦夷務始末)』(동치조(同治朝), 권 40, 20쪽, 상동 56 전재.

에 시찰 가는 것을 허락하기에 이르렀다.

이에 대해서 공친왕 혁흔(奕訢)은 외국 사정에 대해 중국은 아는 것이 없어 외교 사무를 처리하는 데에 격세지감을 느낀다. 이(夷)의 사정을 모르고 자국의 진흥을 도모하는 것은 모순적인 일이며 지기지피 해야 백전백승할 것이다 하여 이에 빈춘을 해외에 파견해서 외국의 제반사를 보고 듣고 느낀 것을 모두 기록해서 중국으로 가지고 와서 참고에 도움이 되도록 한다고 그 목적을 밝혔다.[14]

빈춘의 유럽행은 중국이 정식으로 사신을 대외적으로 파견한 것이라고 볼 수 없으며 이로부터 2년 후 결국 우여곡절 끝에 주화공사를 지냈던 미국인 Anson Burlingame을 미국대사로 임명하여 중국 주외대사로 활동하게 하였다.

그런데 아주 흥미로운 것은 중국이 첫 번째로 파견한 대사가 중국인이 아니라는 사실이다. 중국인이 아닌 미국인 벌링게임검을 대사로 파견한 이유에 대해서 당시 혁흔(奕訢)은 1867년 11월 21일자로 그가 올린 상주문에서

Anson Burlingame은 함풍 11년(1861)에 북경에 왔으며 성격이 좋아 일을 평화적으로 처리하며 또 중국과 외국의 사정에 밝고 잘 알아 중국을 위하여 여러 가지 비합리적인 일을 해결하였으니 이후에 그는 중국을 위하여 많은 일을 할 것이다. 게다가 현재로서는

---

14) 『주판이무시말(籌辦夷務始末)』(동치조(同治朝), 권 39, 1~2쪽, 상동 56 전재.

적당한 인재가 없으니 이자를 보내는 것이 좋겠다.[15]

라고 자세히 밝히고 있다.

이후 1877년 곽송도는 부사 유석홍과 영국 비서 Macartney를 대동하고 중국인 최초로 영국에 공사로 파견된다. 곽송도 역시 처음에도 완강하게 거절하였으나 교민을 보호한다는 희생정신으로 동의하였다. 부임 전에 그는 수만 리 길을 피하고 부임하지 않으면 이보다 더 험한 길은 누가 부임하겠느냐고 하였다고 한다. 그러나 곽송도가 진정으로 우려했던 것은 중국 중심의 유교적 정치질서에 의하면 중국은 천하의 중심에 있고 주변의 나라들은 모두 중국의 속국이니 대사로 파견되어 다른 나라에 부임한다는 것은 이러한 중국 중심의 질서를 부정하는 것이 되며 더욱 중요한 것은 부임하는 상대방 국가의 왕을 중국의 왕과 대등한 관계에서 대해야 한다는 사실이었다.

결국 이러한 우려는 현실이 되어 수구파들은 곽송도가 두 마음을 품고 영국을 섬기려고 한다는 모함을 하게 되었고 이에 곽송도는 관직이 박탈되고 귀국조치를 당해 계속 호남 집에 칩거하다가 우울한 최후를 맞게 된다. 다행히 그가 출사한 동안의 일들을 기록한 것들이 남아 있어 후에 이것을 모아 『사서기정(使西紀程)』이라는 서명으로 출판되었다고 한다.

---

15) 유광화(劉光華), 「초리아문설치전청정판리대외사무적기관」, 『국립정치대학역사학보』, 제3기(1985년 3월), 127~8쪽.

제2장
아편전쟁

1. 아편전쟁의 서막(序幕)

아편전쟁 이전인 1830년대 중국 내 아편중독자의 숫자는 대략 200만 정도로 파악된다. 이를 계층별로 보면 상류계층과 그 자제, 환관, 북경의 황족, 정부관리, 빈민층, 부녀자, 스님 등 각계각층으로 매우 다양하게 분포되어 있다.

그러나 보다 심각한 문제는 이들 중 상당수가 중앙과 지방의 관료층이라는 사실이다. 통계에 의하면 중앙관료는 10~20%, 지방 관료는 20~30%, 고급관리가 고용한 막우는 50~60% 그리고 하층관리는 대부분이 아편을 흡입한다는 사실이다.

여기에다가 병사들에게까지 신경과 정신을 마비시키는 이 아편이 유행하니 청 정부로서는 내적 외적으로 진퇴양난 하고 난감한 상황에 처하게 되었다.

이런 현상에 대해 임칙서는 "아문(관청) 중에 아편쟁이 제일 많으며 이 중 막우, 환관, 장수, 서판, 차역 중에는 열에 여덟이나 아홉이 아편을 즐긴다"[16]고 당시 상황을 정확하게 분석하였다.

망국의 조짐이었다. 이때부터 청 왕조는 쇠락의 길을 걷기 시작하였고 이 시기는 청 왕조가 중국 역사상의 마지막 왕조로 역사에 기록되는 시발점이 되었다.

아편전쟁이 일어날 당시에 중국 사회는 만주족인 청나라 정권 통치 말기 시대에 있었다. 당시 청나라는 기마병 중심의 빠르고 강대한 백만 군대를 보유하고 있었고 이를 기반으로 도광정부는 폭압적인 정치를 시행하고 있었다.

이때 농민들은 자신들이 경작할 토지는 점점 줄어들고 조세는 과중하게 수탈당하고 그야말로 민중들 하루하루의 삶은 고통의 연속이었다. 또 자기, 제염, 제철, 직조 등 수공업 기술은 상당히 발달해 있었으나 수공업자들은 농민들과 마찬가지로 먹고사는 문제에 많은 어려움을 겪었다. 따라서 농민과 수공업자들은 자주 청 정부에 반대하는 거사를 일으켰다.

같은 시기에 유럽의 영국은 일찍이 기계생산을 통해 생산해

---

16) 이교, 『청대관장백태』, 북경: 중국인민대학출판사, 1990년, 142쪽.

낸 물건은 자본가가 독점을 하였으며 이들이 생산한 물건이 국내소비를 통해서는 소비가 되지 않고 원료 역시 부족하게 되자 반드시 국외에서 원료 공급지와 해외시장을 찾아야만 했다.

먼저 동방에서는 인도를 찾아내어 식민지화하였고 여기에서 자신감을 얻어 이어서 중국으로 눈을 돌리고 호시탐탐 그 기회를 찾기 시작했다.

반면에 이 당시 만주족의 청 황제는 국제정세에 어두웠고 스스로 중화라는 망상에 젖어 쇄국정책을 취하였으므로 영국이 요구하는 통상요구에 – 사실 지금의 시각으로 봐도 도저히 용납할 수 없는 불합리한 통상요구이지만 – 필요한 편리를 제공하지 않았다.

이런 상황에서 영국의 식민지인 인도에서 재배되던 아편은 영국 상인들에 의해 어떤 제재도 받지 않은 채 중국에 수출되기 시작하였고 시간이 흐름에 따라 중국의 아편 수입량은 점점 많아지게 되었다. 따라서 당시 중국의 주요 화폐수단이었던 은의 유출량은 점점 더 많아지게 되었다.

이에 중국 백성의 생활은 갈수록 궁핍해졌고 아편쟁이들은 점점 많아지게 되었다. 이와 더불어 청 정부의 재정도 역시 심각한 위기에 이르게 됐다. 이러한 심각성을 인지한 임칙서는 "만일 아편을 금하지 않으면 군량도 준비할 수 없을 뿐 아니라 병사도 제대로 운용할 수 없을 것이다"라고 우려하면서 일관된 금연책을 시행할 것을 역설하였다.

의식이 있는 관료와 군중들 역시 금연의 필요성을 느끼고 일제히 아편을 금해야 한다고 호소하였다. 이에 도광황제는 금연에 대해 가장 적극적인 입장을 견지하는 임칙서를 광동성 광주로 파견하여 금연을 단행한다.

칼 마르크스는 전쟁 발발 10여 년이 지난 1850년대에 와서 아편전쟁의 성격에 대하여 영국이 중국에 대해 발동한 불의의 전쟁이라고 분명히 밝힌 적이 있다.

전쟁의 원인을 밝히는 문제에 있어서 역사학을 전공하는 사람은 이 같은 전쟁의 원인에 대하여 보다 객관적인 역사 서술을 하도록 노력해야 함은 절실한 사실이다. 특히 역사적인 감계 작용 측면에서 보면 이 역시 중요한 일이 아닐 수 없다.

아편전쟁은 서방 자본주의 국가가 무력의 수단으로 중국을 경제적 지배권 안에 넣으려 하였던 영국의 대중국 침략전쟁이었으며 중국 입장에서 보면 영국이 아편무역을 보호하기 위하여 일으킨 전쟁에 대한 반침략 정의의 전쟁이라고 할 수 있다. 이것이 바로 아편전쟁 발생의 중요한 원인이 됨은 자명한 사실이다.[17]

그러나 전쟁 발생의 원인을 단순하게 한쪽의 문제만으로 규정하는 것은 역사적인 문제 해결을 위한 바람직한 자세라고 할 수 없다. 일부 학자들은 전쟁의 원인을 '통상의 문제' 혹은 영국이

---

17) 정명남 외, 『제국주의 침화사』 제1권.

서방 문명을 전파하기 위한 우호적인 행동에서 시작된 것이라는 의견도 있다.

다시 말하면 자산계급의 사상적 관점에서 보면 양국 간의 전쟁은 '통상제도의 불합리'와 '중국 관리의 유치한 지식수준'에서 그 원인을 찾아야 한다는 것이다.[18]

사실 전쟁 발발 200년 전부터(1637년) 영국인은 처음으로 중국에 와서 통상을 요구하였다. 이때 청 정부는 완강히 거부하였으나 영국의 군사적 위세에 눌려 한 번에 한하여 장사를 허락할 수밖에 없었고 영국 측 상인으로부터는 앞으로 다시는 오지 않겠다는 약속을 받아 냈다고 한다.

그러나 영국의 산업화 속도가 신속히 성장하고 증가함에 따라 대외무역에 대한 절박함이 점점 커졌으며 마침 연해안에서 반청 활동을 활발히 진행하고 있는 정성공의 도움을 받아 17세기 후반~18세기 전반에 이르기까지 영파, 복주, 하문, 광주를 돌아다니면서 대중국 무역을 확대하였다.

이렇게 대중국 무역이 확대되자 영국은 통상제도의 확립 필요성을 느끼어 건륭 말년인 1736~1795년 시기에 공사를 파견하여 교섭하였고 또 가경 때인 1796~1820년 시기에 역시 공사를 파견했으나 모두 교섭이 결렬되었다.[19]

---

18) 궁명, 『중국 근대사연구술평선』, 중국인민대학출판사, 1986년, 31쪽.
19) 장정, 『중국 근대사연구』, 대만: 이인서국, 1982, 17~18쪽.

이것이 바로 아편전쟁 발생의 한 원인이 된다. 당시 서방국가의 입장에서 보면 중국이 정상적인 무역을 요구하는 상인들에게 불평등적인 태도로 대하였고 또한 외국 상인들에게 많은 제한과 규정을 두어 무역질서를 인정하지 않았던 사실은 중일 양국이 전쟁으로 가게 되는 중요한 원인제공을 하였다고 판단할 수도 있는 것이다.

이 시기에 청 왕조는 대외적으로 폐쇄된 정책을 시행하고 있었다. 이 같은 쇄국정책의 기본원칙은 3가지로 요약할 수 있다.

첫째, 상인들이 바다로 나가서 무역하는 것을 제한한다.
둘째, 통상항구를 봉쇄하고 제한한다.
셋째, 수출상품을 금지하고 제한한다.[20]

이처럼 전쟁 발발 전에 자급자족의 봉건경제 체제였던 중국 사회는 대외적으로는 쇄국정책을 시행하였고 그리고 이러한 강력한 쇄국정책은 정상적인 상호 간의 무역 거래를 원하는 자본주의 국가들의 입장에서 보면 극복해야 할 문제였던 것은 분명한 사실이었다.

결과적으로 청말에 시행된 대외적인 쇄국정책은 중국 자본주의 발전의 맹아를 잘라 버렸으며 또한 서양의 선진적 사상 문화

---

20) 궁명, 『중국 근대사연구술평선』, 중국인민대학출판사, 1986년, 40~41쪽.

와 과학 기술의 발전을 가로막는 역할을 한 것이다. 이로써 중국
과 서방국가와의 거리는 점점 더 멀어지게 된다.

2. 아편 금지와 전쟁 발발

1) 아편 금연책

1840년에서 1842년에 일어난 아편전쟁은 중국이 반식민지 반
봉건사회로 전환되는 계기가 되었다. 영국은 아편전쟁을 계기로
중국에 대해 정치 경제적 통제를 가속화할 수 있었고 기타 서구
열강은 아시아 제국에 대한 진출에 박차를 가하게 되는 계기가
되었다.

영국의 중국에 대한 아편 수출의 역사를 살펴보면 다음과 같다.

아편전쟁 발발 70년 전부터 영국인이 중심이 되어 서양 상인
은 중국에 대한 아편 판매를 시작한다. 1773년 영국의 인도에 있
는 동인도회사는 인도에서 아편을 전매하기 시작하였고 동시에
중국에 매년 천 상자의 아편을 팔았다.

〈그림 1〉 영국이 인도에 설치한 아편저장고, 이곳의 아편이 주로 중국으로 유입되었다

그러다가 1820년대부터 아편 판매량은 급증하기 시작하였다. 1820~1824년 사이에는 매년 평균 7,889상자를 팔았고, 1825~ 1829년 사이에는 매년 평균 12,576상자를 팔았다. 1830~1834년 사이에는 매년 평균 20,331상자를 팔았다. 1835~1838년 사이에는 매년 평균 35,445상자를 팔았다. 전쟁 직전인 1838~1839년 사이에는 무려 40,200상자를 중국에 팔았다.[21]

---

21) 중국 사회과학원근대사연구소, 『중국 근대사고』, 북경: 인민출판사, 1978년, 29쪽.

통계 자료만 보아도 전쟁 발발 전에 중국 사회가 아편문제로 얼마나 많이 고통을 받았는지 쉽게 알 수 있었다. 또 주목할 점은 1820년대 이전까지 영국과 중국의 무역관계는 비교적 정상적인 관계에 있었다는 사실이다. 이때까지 영국이 수출하는 물품은 주로 모직품, 면화 등이고 수입하는 물품은 차, 비단 등이었다.

그런데 문제가 있는 것이 당시 중국 사회는 자급자족의 봉건경제 사회였다는 점이다. 더욱이 당시 청 정부는 대외 무역을 억제하는 쇄국정책을 취하고 있었으므로 영국의 대중 무역은 적자를 면하기가 어려운 상황이었다. 이러한 상황은 아편 판매가 본격화되는 시기까지 지속되었다.

중국에 대한 무역 적자가 계속해서 지속되자 영국 상인들은 적자를 메울 방법을 찾기 위하여 고심하다가 바로 아편에 주목하게 된다. 그들은 아편의 성질이 한 번 피우게 되면 끊을 수 없게 되니 만약 아편을 본격적으로 팔게 된다면 2억 명의 중국인 평생 고객이 자신들을 기다리고 있을 것이라고 생각했을 것이다.

이같이 영국 상인들은 적은 자본으로도 큰돈을 벌 수 있다는 허황된 생각과 또 무역 역차를 줄일 수 있다는 현실적인 판단하에 중국의 엄금령에도 불구하고 아편 판매에 열을 올리게 된다.

아편의 대량 유입으로 인해 중국 정부는 긴장하였고 갖가지 조치를 하게 된다. 그러나 아편문제의 해결 방법에 대해서는 엄금파와 이금파 두 세력이 이견을 보인다.

엄금파는 금연을 미적지근하게 추진하는 것에 불만스럽게 여겨 아편 판매자와 아편 흡연자를 중형으로 처벌할 것을 요구하였다.

반면에 이금파는 중한 형벌로는 아편을 금지할 수 없다고 주장했다. 즉 현재 이런 상태로 백은만 계속 외국으로 빠져나가느니 차라리 아편 금지를 풀고 세금을 징수해서 재정 곤란을 해결하는 것이 좋을 것이라고 나름대로의 논리와 이론을 전개하였다.

이 이금파의 주장은 외국 아편 판매상과 그리고 아편을 판매하면서 그 중간에서 이득을 보는 관리들에게 크게 환영을 받았다. 1836년 6월, 이금파 태상시경 허내제(許乃濟)는 상주문을 올려 아편 수입 금령을 취소하고 공개적으로 판매할 것을 정부에 간청하였다.

이러한 주장에 대하여 엄금파는 즉각 반격에 나섰다. 1838년 6월, 홍려시경 황작자(黃爵滋)는 도광에게 주를 올려서 통쾌하게 아편의 피해를 진술하는 한편 이전의 금연책이 유명무실하였던 이유는 모두 관리의 비호가 있었음을 지적하면서 엄중히 아편 흡연자에 대한 징벌을 강화해서 아편수입을 막을 것을 건의하였다.

그러나 엄금파와 이금파의 주장에는 공통점이 있었는데 두 파모두 아편문제는 현재 가장 해결해야 할 시급하고 심각한 과제임을 시인하고 있다는 점이다. 중앙과 지방 관리의 거듭된 토론을 통해서 10월, 도광은 허내제(許乃濟)를 파직하고 이어서 임칙서를 북경으로 불러 금연조처에 대해서 논의하였다.[22]

2) 아편 금지와 전쟁 발발

이 당시에 가장 강력하게 아편수입 금지를 주장한 사람은 임칙서였으므로 도광황제는 1838년 12월 31일 그를 흠차대신으로 파견하여 광주에 가서 아편 금지 안건을 다스리도록 명령하였다.

광주에 도착한 임칙서는 한편으로는 각국 상인에게 아편 판매 금지명령을 내리는 동시에 돈선에 저장하고 있는 모든 아편을 제출할 것을 통지하였으며 또 한편으로는 다년간 아편 밀매에 종사한 영국 상인들을 지명 수배하였다.

결국 임칙서는 광주에 도착한 후에 영국 상인들을 압박하여 20,283상자(한 상자는 60 kg임)를 압수한 후 해변가에서 20여 일에 걸쳐 태워 버렸다. 그리고 영국인과 내통하여 몰래 내지로 들여온 중국인은 목을 잘라 시장에 걸어 놓았다.

임칙서가 호문 앞바다에서 아편을 소각한 사건에 대해 각국의 여론은 대체적으로 임칙서를 지지하는 의견을 표시하였으나 영국 여론은 상반된 이론을 전개하였다.

그들은 아편을 피우는 것은 결코 사회경제적으로 파괴를 초래하지 않으며 아편금연은 오히려 피우는 사람을 늘릴 뿐이며 해결책은 이금책만이 있을 뿐이라고 주장하였다.

---

22) 중국 사회과학원근대사연구소, 『중국 근대사고』, 북경: 인민출판사, 1978년, 34~35쪽.

〈그림 2〉 임칙서상(홍콩역사박물관 소장)

이러한 논리는 아편의 성질을 무시한 이해하기 힘든 역설적인 이론이다. 한번 손을 대면 죽기 전에는 끊을 수 없는 것이 바로 아편의 속성인데 이를 합법화하여야만 문제를 해결할 수 있다는 것은 무슨 논리인가?

결과적으로 아편을 둘러싼 양국 간의 날카로운 대립이 계속되는 상황에서 영국 상인들이 불법적인 아편 수출을 하지 못하게 되자 영국정부를 향해 병사를 동원하여 해결해 줄 것을 요청함으로써 드디어 중국 근대사의 시발점이 되는 아편전쟁이 폭발하게 된다.

양국 간의 전쟁이 발생한 도화선이 된 사건은 다음과 같다.

1939년 음력 5월 27일 구룡에서 영국 선원이 중국인 한 명을 살해한 사건이 벌어졌다. 이에 임칙서는 엘리어트에게 범인 제출을 요구했고 엘리어트는 단호하게 이를 거절한다.

이로부터 양국은 긴장된 상태로 돌입하고 결국 엘리어트 수하의 군함 2대가 1839년 음력 7월 27일 구룡산 입구에 포격을 하였고 이곳에 있던 중국 해군과 포대에서도 반격을 단행하였다.

이런 상황에서 도광황제는 영국과의 무역을 전면 금지시켰고 임칙서는 1839년 12월 6일부터 영국과의 전면적인 무역 중지를 선포했고 이어서 영국 선박이 항구에 들어오는 것을 금지시켰다.[23]

1840년 2월 영국 정부는 소위 동방원정군을 중국에 파견할 것을 결정한다. 이에 전쟁 발생을 이미 예상하고 만반의 준비를 하고 있었던 임칙서는 먼저 호문 밖 앞바다에 목책 쇠사슬을 설치하고 또 서양 대포를 구입하고 포대를 만들게 하여 주강 입구의 방어에 최상의 전력을 다하였다.

작전 계획은 "以守爲戰, 以免徒勞"이었다. 즉 방어하는 싸움을

---

23) 호승, 『아편전쟁에서 5·4 운동까지』, 북경: 홍기출판사, 1982년, 31~32쪽.

함으로써 헛된 수고를 하지 않는다는 작전 계획이다. 하지만 이 계획은 임칙서의 잘못된 작전 계획이었다. 영국이 싸우려고 하는 대상은 임칙서가 아니고 중국의 청 왕조인 것이다. 임칙서의 군대가 호문 앞바다를 빈틈없이 지키고 있는 것을 탐지한 영국 측은 광동성을 포기하고 직접 북상하여 북경으로 군대를 향하게 되었던 것이다.

3. 전쟁의 경과

아편전쟁은 3단계로 나누어 진행된다.

1단계: 1840년 6월 영국군이 주강입구를 봉쇄한 이후부터 1841 년 1월 『천비초약』을 체결하기까지.

2단계: 1841년 1월 27일 청 정부가 영국에 대해 선전포고 한 다음부터 1841년 5월 27일 『광주화약』을 체결하기까지.

3단계: 1841년 8월 영국이 다시 하문을 친 이후부터 1842년 8 월 29일 『남경조약』을 체결하기까지.

1단계 전쟁

1840년 6월 엘리어트(George Elliot)는 4천여 명의 군대와 대포

그리고 군함을 이끌고 광동성 해면에 나타나 광주봉쇄를 선언한다. 그러나 임칙서는 호문에 주둔하면서 해군을 검열하고 한편으로는 고시를 붙여 백성들에게 만반의 준비를 하라고 당부한다.

엘리어트는 광주를 수비하는 임칙서의 방비가 견고함을 보고 청나라 왕이 있는 북경을 목표로 북상을 결정한다. 북상을 하면서 먼저 6월 초에 하문 해면에서 등정진이 이끄는 해군과 충돌하였고 이어서 절강성 연해안을 공략하여 주산 해면에 이르러서는 육지로 상륙하여 정해를 점령하였다. 정해는 방비를 하지 못한 이유로 영국군에게 대패하고 점령당한다. 정해를 점령한 영국군은 일부 병사를 정해에 남긴 채 계속해서 북상을 진행하여 드디어 음력 7월 26일 천진 백하에 도달하였다.

도광황제는 놀라고 당황하면서 문제 해결의 묘책을 구상하였다. 결국 도광황제는 오히려 책임의 화살을 임칙서에게 돌려 모든 책임을 그의 경솔함으로 몰아 관직을 파직하고 대신 기선을 광주로 파견하여 영국과 강화를 모색한다.

도광황제는 유지에서 "임칙서 등은 아편을 금지할 때 선처하지 못하였으므로 자세히 조사해 중죄로 판결할 것이다. 지금 흠차대신을 광주로 파견해서 공정히 조사하면 반드시 신원될 것이니 엘리어트(George Elliot) 등은 남으로 돌아가서 선처를 기다리라"라고 하였다.

이로써 임칙서는 하루아침에 갑자기 죄인이 되어 모든 관직을 파직당하였다. 결국 아편 금지정책은 실패로 돌아가고 중국 측은 영국과의 조약을 통해 문제를 해결하려고 하였다.

양광총독으로 임명되어 파견된 기선은 광주에 도착한 후에 의화가 이루어지지 않을 것을 두려워하여 곧 임칙서가 안배한 군사 배치를 모두 제거한다. 그러자 영국은 기선에게 홍콩을 할양할 것을 요구하게 되며 기선이 동의하는 것을 주저하자 공격을 재개한다. 영국의 위세에 놀란 기선은 영국의 적수가 되지 못함을 인식하고 본인의 판단하에 즉시 아편 값 600만 원을 배상하고 홍콩을 할양할 것을 약속한다(**천비초약**).

2단계 전쟁

그러나 홍콩을 영국에게 할양한다는 소식을 접한 도광은 대노하여 기선을 파직하고 그의 가산을 몰수한다. 그리고 대신 혁산을 파견하여 영국군과 대항토록 한다. 결과는 혁산의 대패였다.

7일 만에 1만 8천 명의 중국군은 궤멸 상태에 처하였다. 광주는 곧 함락의 위기에 접어들게 된다. 이에 혁산은 영국군 측에 여보순을 파견하여 영국과 강화를 모색한다. 결과 청 군대는 광주 60리 밖으로 물러가고 또 600만 원의 군비배상을 약속한 후에 영국군은 비로소 물러가게 된다(**광주화약**).

3단계 전쟁

후에 청 정부는 영국과의 의화 조건을 이행하지 않아 영국군은 또 중국 침략을 단행한다. 영국군은 하문, 정해, 영파, 상해, 진강을 거침없이 공략하고 그 기세는 파죽지세로 곧바로 남경까지 침략을 단행한다. 부패한 청 정부는 백성들의 자발적인 항거를 인정하지 않았으므로 영국정부와 할 수 있는 것은 타협밖에 남아 있지 않았다.

드디어 1842년 영국과 **남경조약**을 맺는다. 이 조약은 중국 근대사의 역사상 외국과 맺은 최초의 불평등 조약이다. 조약에서는

첫째, 홍콩을 할양한다.

둘째, 광주, 하문, 복주, 영파, 상해 등 5개 항구를 개방한다.

셋째, 2,100만 은량의 배상금을 지불한다.

넷째, 영국 상인들의 수출입 관세는 영국과 상의하여 정한다.[24]

이로부터 프랑스와 미국 등도 영국이 중국으로부터 많은 이익을 얻었다는 사실을 알고 역시 청 정부를 위협하여 영사 재판권을 얻어낸다. 이로부터 외국은 중국에서 중국 법률로부터 자유로워지면서 중국법률의 구속을 받지 않게 되었다.

아편전쟁은 중국 근대사의 시발점이며 이로부터 중국 사회는

---

24) 인민교육출판사역사실 편저, 『중국근대현대사』, 길림: 인민교육출판사, 1992년. 6쪽.

半식민지 半봉건사회로 접어들게 된다. 이러한 사회는 아편전쟁 전의 봉건사회와는 다르며 역시 독립적인 자본주의 제도를 확립하지는 못하였다.[25]

전쟁 이전 중국은 분명히 정치 경제의 주권이 독립된 주권국가였던 중국 외의 다른 나라를 나라로서 인정하지 않고 스스로를 천조로 자처하는 오만한 세계관을 지니고 있었다. 그러나 아편전쟁으로 상황이 반전되기 시작한다. 천조의 위신은 맥없이 무너지기 시작하였으며 정치 경제의 주권도 역시 심하게 흔들리기 시작한다.

특히 경제적 측면에서의 변화는 매우 커서 이때부터 서양의 상품들이 대량으로 들어오면서 중국 시장 역시 세계 경제의 한 부분으로 편입되게 된다.

예를 들면 외국 상인들은 중국으로부터 주로 차와 비단을 수입하였는데 이는 중국 국내의 차와 비단 시장을 크게 자극하여 이 분야의 큰 발전을 이루었다. 그러나 이 과정에서 외국의 상인들이 수입과정에서 큰 영향력을 행사하게 되었고 결국 차와 비단의 경우 상품화가 진행되면서 이전의 자급자족 경제체제는 붕괴된다.

이로써 자급자족의 봉건 경제 체제하의 중국 사회는 서서히 해체되었고 새로운 경제 질서가 이 자리를 대신하게 된다.

---

25) 궁명, 『중국 근대사연구술평선』, 중국인민대학출판사, 1986년, 33쪽.

이같이 급변하는 사회적 변화 속에서 중국은 시대적인 위기를 이겨내기 위하여 중국 민중들의 지혜로운 극복 방법을 절실하게 필요로 하게 된다.

4. 제2차 아편전쟁

아편전쟁 이후 광주 백성들은 지속적으로 영국에 대해 반항하였다. 1856년 10월 광주에 있는 수병(水兵)은 영국 깃발을 단 중국의 선박에서 해적 혐의를 받고 있는 중국인 선원 12명을 체포하고 매달려 있는 영국 기를 내려 갑판에 팽개친다.

이에 대해 영국인은 영국에 대한 모욕이라고 하여 중국의 광주성을 재차 공격한다. 그러나 광주 백성들의 완강한 저항에 의해서 영국군은 광주성 밖으로 물러나게 된다.

공교롭게도 이때 프랑스 선교사 샤프뜨레느가 광서성에서 지방 관원에게 피살되는 사건이 발생한다. 프랑스 정부는 이 기회를 틈타서 영국군과 연합하여 광주성을 침략한다. 광주를 방어하고 있었던 섭명침(葉名琛)은 점괘에 의해 15일까지는 아무 일도 없을 것이라고 호언장담하였다.

그러나 누가 알았겠는가? 전날인 14일 영불 연합군은 광주성으로 진격하여 성을 함락시키고 섭명침 역시 포로의 신세가 되었다. 1859년 영불연합군은 또 천진을 공격하였고 이어서 북경성으로 들어가 대규모로 약탈과 방화를 자행한다.

이때 중국이 자랑하는 원명원이 불에 탔는데 3일 밤낮으로 탄 후에 꺼졌다고 한다. 원명원은 북경의 서북쪽 교외에 있는데 용정, 건륭, 가경, 도광 등의 황제가 150년간 공을 들여 만든 세계에서 가장 아름다운 건축물이었다고 한다. 이곳에서 영불 연합군들은 주체할 수 없을 정도로 중국의 문화재를 마음껏 강탈하여 갔다.

이때 영국과 프랑스가 약탈한 것으로 알려진 중국 청나라 황실 유물 쥐머리 청동상과 토끼머리 청동상이 2010년 프랑스 파리 크리스티 경매에 나왔다. 경매 결과 두 문화재는 각각 약 300억 원에 팔렸다.

〈그림 3〉 제2차 아편전쟁 시 프랑스가 원명원에서 약탈해 간 토끼머리 동상과
쥐머리 동상(크리스피 경매 사이트 제공)

　그러나 유물 낙찰자는 중국 문화부가 약탈당한 자국 문화재를 환수하기 위해 2002년 설립한 중국 해외문물 환수전용기금의 수집고문인 채명초(蔡銘超)가 낙찰자였다.

　그는 "나는 중국인을 대표해 입찰에 참여했다"면서 "경매에 나온 쥐머리와 토끼머리 청동상은 영·불 연합군이 1860년 약탈한 것으로 이 문화재의 대금을 지급할 수 없다"고 밝혔다.

　중국 당국은 1840년부터 100년간 해외로 약탈당한 유물이 1,000만 점에 이르는 것으로 파악하고 있다. 중국에서 약탈해 간 그 물건을 경매에 부친다면 그것은 구체적인 소유관계를 증명할 서류가 없는 약탈품을 판 것이므로 현행법상으로도 범죄행위이며 또한 국제법상으로도 용인될 수 없는 것이라고 주장하였다.

　제2차 아편전쟁의 결과는 너무나도 허무한 것이었다. 문제의 원인을 현대식 무기로 무장한 신식군과 구식무기로 무장한 구식군대와의 싸움으로 돌리기에는 이해하기 어려운 점이 너무도 많았다. 당시 청 정부의 생각은 외국 세력들은 청을 전복하고 새로운 왕조를 만들 생각이 있는 것이 아니고 단지 경제적 이익을 취하는 것이 주요 목적이라고 생각하였기에 영불 연합군의 북경 공략으로 국가의 위기는 발등에 떨어졌음에도 불구하고 남쪽에서 일어난 태평천국혁명을 전력을 다해 진압하였다. 따라서 제국주의 세력의 침략에 대한 저항의 의지도 없었으며 역량 역시 부족한 상태였다.

이런 배경하에서 영국과 프랑스와 서둘러 북경조약을 체결한
다. 이 조약에 의해 또다시 중국은 영국과 프랑스에 대해 막대한
경제적 이익을 줘여 주게 된다.

북경조약의 내용은 다음과 같다:

1. 구룡반도는 영국에게 할양한다.

2. 흑룡강 이북과 우수리강 이동의 광활한 영토를 소련에게 할양
   한다.

3. 영국과 프랑스는 영사재판권을 가지며 또한 중국 내에서 자
   유롭게 유력(遊歷)하며 傳敎한다.

4. 영국과 프랑스에게 각각 800만 냥의 군비를 배상한다.

이 외에 당시 맺은 조약 중에서 가장 중요한 내용은 외국 상품
을 수입 시에 중국은 5%의 관세만 받도록 한 규정이었다. 이 규
정에 의하여 중국은 자유로이 관세를 조정할 수 없게 되었다.

이로부터 중국은 종이호랑이가 되었고 중국의 대문은 활짝 열
려 아편을 비롯한 외국 상품은 대량으로 제한 없이 수입되게 되
었다.

중국은 제국주의의 상품시장과 원료공급 시장으로 전락하였
으며 농업과 수공업자들은 파산하였으며 민족공업은 더 이상 발

전의 여력이 없게 된다.

이로써 2천 년간 지속되어 온 중국의 봉건 경제는 이후 백 년 동안 半封建 半植民地 경제체제로 전락한다. 이 당시 중국의 백성들은 청나라 말기의 부패하고 타락한 봉건 왕조와 외국의 자본주의 세력들의 거침없는 중국 진출로 인하여 이중고를 받게 된다.

5. 아편전쟁 후 중국 사회의 변화

1839년 6월 3일, 광주 호문 바닷가에 깃발이 펄럭거리는 가운데 아편소각 연못이 설치되었다. 곧이어 아편소각 행사가 곧 이루어진다는 소문은 삽시간에 전역으로 퍼졌다. 이것이 바로 유명한 虎門 아편소각 사건이다.

아편 2만여 상자를 태워 녹이는 장관을 직접 보려고 사면팔방에서 모여든 인파는 인산인해를 이루고 있었다.

당일 드디어 아편소각 행사가 이루어졌다. 아편소각 연못 옆에 서 있던 병정들은 상자를 하나하나씩 열어 검은 아편을 잘게 부숴 아편소각 연못 속으로 던졌고 다시 그 아편소각 연못 속으로 석회를 뿌렸다. 바닷물은 곧 부글부글 끓어올랐고 이어서 짙은 연기가 솟아오르면서 하늘을 가렸다. 이렇게 해서 아편 2만여 상자가 소각되었다. 이 비극적인 장관은 예포 소리와 함께 23일 동안 계속되었다.

虎門 아편소각 사건은 이렇게 해서 끝이 났다. 그러나 이 사건이 미치는 그 영향은 생각보다 훨씬 컸고 그 사건의 파장 역시 생각 이상으로 상상을 초월했다.

문제는 호문에서의 아편 소각은 단순히 아편을 태우는 사건이 아니었다. 이 사건은 중국인에게 매우 중요한 의미를 부여했다.

일방적으로 당하고 있던 중국인에게 있어서 자신들을 모욕하는 영국인에게 큰 일격을 가할 수 있는 자신들의 역량과 뜻을 과시하는 동시에 민족의 자긍심, 자존심을 되찾는 쾌거라 하지 않을 수 없다. 그러나 운명의 여신은 중국 편에 서 있지 않았다.

아편무역을 통해 치부하려던 영국의 꿈은 산산조각이 나 보였으나 청이 영국에게 한 이별 통지는 너무도 순진한 행동이었다. 이 사건은 영국에게 철저히 이용당한다.

虎門 아편소각 사건은 오히려 영국에게 전쟁이라는 하나의 새로운 기회, 새로운 가능성을 제공하는 빌미를 제공하는 결과를 초래하였다. 영국은 이러한 기회를 절대로 놓치고 싶지 않았고 또 놓치지 않았다.

1840년 6월 40여 척의 신식군함과 4천여 군사로 구성된 '동방원정군'은 광동해면에서 제1차 아편전쟁을 도발하였다. 중국 근대사 굴욕의 역사가 시작된 것이다.

아편전쟁 후 중국의 정치, 경제, 사회 등 각 방면에 있어서의 충격과 변화는 지대하였다. 특히 연해안 지역에서 자급자족의 봉건적 경제체제하에서 생활하였던 중국 민중들에 대해 파급된 영향은 비교적 큰 편이었다.

예를 들면 광주, 복주, 하문, 영파, 상해 등 5구 통상지역은 충격을 심하게 받았으며 이 지역의 봉건 경제는 서서히 해체되기 시작하였다.

그리고 5구 통상지역에서 치외법권을 누리던 외국인들은 청 정부의 통제 관리를 받지 않고 마음대로 행동하였으며 나가서는 영국 주 상해영사의 요구에 의하여 상해 일부 지역에 조계(租界)를 설치하는 것을 시작으로 다른 열강들도 이를 따라 조계지를 만들었다.

이로써 중국 사회에 半식민지적 성격을 띤 도시들이 탄생한다. 이때부터 중국 사회는 **半봉건 半식민지 사회**로 들어간다.

사상적인 변화를 보면 천조로 자처한 대국이 조그마한 섬나라에게 무기력하게 패하는 모습을 지켜본 민중들은 놀라워했고 한편으로는 중국의 부강을 위해서 무엇인가 변해야 한다는 것을 자각하기 시작하였다. 특히 위원, 도영 등 진보적 사상가들은 서양을 배워서 부강한 중국을 만들어야 한다고 주장하였다.

보다 심각한 문제는 **아편의 범람**문제이다. 아편으로 인하여 발생한 전쟁에서 『남경조약』을 끝으로 중국의 참패로 막을 내리자 **중국** 내에서 아편밀수는 거침없이 유통된다.

아편의 범람은 전국적으로 유행되었으며 북방이 40%이고 남방이 60% 정도를 차지하였다. 합법적인 통상절차를 밟지 않고 불법적으로 유통되다 보니 화폐로 유통되는 중국의 은이 대량 외국으로 유출되어 은귀전친(銀貴錢賤) 현상이 벌어진다. 이로 하여 물가는 폭등하고 백성들의 생활은 날이 갈수록 궁핍해졌다.

제3장
태평천국 혁명운동

1. 『정유이몽』과 그 의의

1) 『정유이몽』

천하의 중심에 있으면서 찬란하고 빛나는 제국 문화를 뽐내었던 중국이 유럽 대륙 서쪽 구석에 위치한 조그마한 섬나라 영국에게 두 차례 얻어맞고 맥없이 주저앉게 되자 청 정부의 권위는 하루아침에 한없이 깊은 심연으로 실추되기 시작하였다.

이렇게 되자 일찍부터 청 정부에 불만을 품어 왔던 일부 백성들은 정부의 권위에 도전하기 시작하였으며 이들은 하나의 거대한 위협적인 정치세력으로 등장하게 된다. 전쟁의 결과는 민심이 천심이라고 믿어 온 중국 사회에 여러 방면에서 큰 충격과 영향을 미치게 되었다.

사실 이들이 정치 세력으로 등장하게 된 배경에는 전쟁 실패의 원인도 다소 작용하였겠지만 상당 부분은 경제적인 문제와 연관이 있다. 아편전쟁 후 영국의 상품과 아편은 중국으로 밀물처럼 몰려들어 왔고 이와 비례해서 중국의 은전은 대량으로 영국을 비롯한 외국으로 흘러들어 가게 되었다.

게다가 더 심각한 문제는 바로 배상금 문제였다. 열악한 재정 상태로 국고가 바닥난 상태에서 외국에게 주기로 약속한 배상금을 마련할 수 있는 유일한 방법은 증세를 통하여 농민들과 수공업자들에게 거두어들이는 것이었다. 농민들은 더 이상 견딜 수 없었다.

정부의 가렴주구의 학정에 견디지 못한 농민들은 의지할 곳 없이 갈 길을 잃고 헤매다가 궁여지책으로 자신들을 직접적으로 괴롭히는 정부에 대해 반기를 들고 반청활동을 통한 활로를 모색하는 방법 외엔 다른 길이 없게 되었다.

이는 마치 진나라 말에 있었던 유명한 사건과도 비슷하다. 진승과 오광이 벼랑 끝에 몰려 "제왕 제후 장상에도 어찌 그 종자가 있겠는가?(王侯將相寧有種乎!)"라고 외치면서 절망의 늪에서 몸부림치다가 결국 반란을 선택한 것과 유사한 사건이었다.

이러한 전쟁의 실패와 그리고 극한적인 수탈 상황에서 배고픈

시골의 몇 안 되는 농민들이 모여 배부른 천국 사회를 만들겠다고 뜻을 모아 봉기한 태평천국은 가는 곳마다 열화와 같은 농민들의 호응을 얻게 된다. 태평천국 혁명이 기적적인 의외의 성공을 거둘 수 있게 되었던 것은 우연한 사건이 아니었다.

"밭이 있으면 같이 나누어 경작하고, 밥이 있으면 같이 나누어 먹고, 옷이 있으며 같이 나누어 입고, 돈이 있으면 같이 나누어 사용하자"와 같은 이상적인 사회를 만들자는 구호는 마음을 둘 데가 없고 몸을 의지할 곳이 없는 천대받는 그 당시 백성들에게 있어서 너무나 환상적이고 매력적일 수밖에 없는 것이었다.

그러나 이러한 이상적인 국가 건설의 구상은 국가 체제의 완전한 변혁이 되지 않은 상황에서는 실현이 불가능한 단지 허구이고 환상일 뿐인 것이다.

이런 이유 때문에 결국에는 태평천국도 이전의 봉건왕조보다도 더 강력한 봉건적인 왕조로 군림하는 결과를 초래하게 되었다.

태평천국을 가장 먼저 조직한 자들은 홍수전(1814∼1864)과 풍운산(1822∼1852)이다. 이들은 모두 광동성 광주 인근에 있는 화현 출신들이다.

광주는 특히 근대 시기에 들어와서는 대내외 관계의 가장 민감한 지역으로서 이 지역은 이 두 사람이 혁명의 길을 선택한 것은 결코 우연이라 할 수 없는 원인을 제공하였다.

〈그림 4〉 홍수전 고택

홍수전의 아버지와 두 명의 형은 모두 작은 밭을 일구면서 생계를 유지하고 있었고 홍수전만 유일하게 7살부터 서당에서 글을 배워 18세부터 10년간은 훈장 노릇도 하였는데 이 기간에 홍수전은 광주에 자주 가서 과거 시험을 보곤 하였다고 한다.

홍수전은 1836년(도광 16년) 광주에 가서 과거시험을 보았는데 그때 우연히 길가에서 두 사람으로부터 『권세양언』(성경)이라는 책을 얻어 집으로 돌아와서 읽었다고 한다.

그리고 다음 해에 또 광주에 가서 시험을 보고 낙방을 했는데 이때에 홍수전은 낙방에 대한 큰 상실감으로 병을 앓았고 병상에 누워 있는 동안에 그가 꾼 꿈이 이후에 그가 태평천국을 창제하게 된 기초가 되었다고 한다. 그 꿈이 바로 소위 『정유이몽』이다.

이 내용을 간단히 소개하며 다음과 같다.

> ……상제님(하느님)은 사자를 파견하여 홍수전을 천당에서 맞이
> 하여 상을 주는 동시에 태평천왕대도군왕(太平天王大道君王)으로
> 봉해 준다. 그리고 그를 만국의 주인으로 삼고서 그에게 세상에 내
> 려가서 요괴와 악마를 섬멸하도록 위탁한다. 홍수전은 하늘에서 상
> 제님과 상제님의 부인 그리고 형님(예수님) 형수님(예수님의 부인)
> 및 하늘에 있는 자신의 처와 아이들 그리고 선녀들과 함께 풍악을
> 울리며 즐겁게 생활을 하고 있었다. 그리고 이어서 공자를 보았다.
> 그런데 공자는 그가 남긴 유가 서책으로 인하여 세상 사람들을 어
> 리석게 만들었고 또 홍수전마저도 그의 책으로 인하여 나쁘게 되었
> 다고 해서 상제님과 예수님에게 엄한 질책을 받고 그리고 또 공자
> 를 묶어서 한편으로는 해명토록 하고 또 다른 한편으로는 천사를
> 시키어 그를 매질하는 등의 신기한 장면을 목격하게 된다……[26]

이 같은 꿈을 꾼 지(1837) 7년 후에(1843) 홍수전은 성경을 다
시 읽고서 책 중에서 서술한 내용과 자신이 하늘로 승천할 때 본
내용이 서로 일치함을 발견하였다고 한다. 즉 승천할 때 본 사람
은 바로 성경에서의 상제님이고 예수님이며 그리고 자신은 상제
님의 두 번째 아들이라고 확신하기에 이르게 된다.

홍수전은 현 사회가 살기 힘든 것은 요괴와 악마, 즉 청 정부
의 부패하고 타락한 정치에서 기인한 것이므로 이에 특별히 상
제님이 자신을 하늘에 불러 이를 바로잡으라는 신성한 종교적
사명을 주었다고 굳게 믿게 된다.

---

26) 『태평천일』, 중국 근대사자료총간 『태평천국』 제2책, 신주국광사, 1952년.

〈그림 5〉 홍수전상(태평천국역사박물관 소장)

2) 『정유이몽』에 나타난 중심사상

『정유이몽』은 그 신화 자체가 건국의 이념이 담긴 건국신화라고 할 수 있다. 홍수전이 태평천국을 건국하는 데는 그 나름대로 신탁이라는 가장 흔한 방법을 채택하였다.

즉 상제가 홍수전에게 요괴와 악마를 섬멸하고 그리고 기독교 이념에 의하여 천상의 천국을 지상에 건설하도록 위탁하였다는 것은 이『정유이몽』을 통하여 쉽게 발견할 수 있는 사실이다.

그러나 태평천국의 건국신화인『정유이몽』의 내용을 자세히 살펴보면 기독교적인 요소 외에도 여러 요소가 혼합해서 내면에 강하게 자리 잡고 있음을 알 수 있다. 오히려 타도의 대상이며 요괴와 악마로 규정되었던 **유교뿐 아니라 전통 민간신앙 그리고 불교, 도교 등 전통종교의 요소들이 포함하고 있다.**

예를 들면『정유이몽』에서는 하늘의 모습을 묘사할 때 **33층**이라고 표현하였다. 그런데『성경』에는 땅 위의 부분을 하늘이라고 했을 뿐 하늘에 대한 구체적인 묘사가 없다.

반면에 불교에서는 하늘이 사방에 각각 8개가 있고 그리고 중앙에 있는 수미산까지 합치면 모두 33개의 하늘이 있다고 이야기하고 있다. 따라서 이는『정유이몽』에 나타난 **불교적인 요소**라 할 수 있다.

또『정유이몽』에서는 홍수전이 교자를 타고 신동의 안내에 따라 승천한다고 되어 있다. 이 경우도『성경』에는 여호와의 사자가 화염 속에서 승천한다는 내용이 있을 뿐 구체적인 교통수단이 나타나 있지 않다.

반면에 **도교**의 경우는 최고의 경지에 오른 도사들이 종종 용이나 구름을 타고 승천하며 **유교**의 경우도 황제가 용을 타고 대신과 궁녀 1,200명과 함께 단체로 승천했다는 기록이 있다. 따라서 이는『정유이몽』에 나타난 **기독교 도교 그리고 유교적인 요**

소라고 할 수 있다.

그리고 『정유이몽』에서는 상제의 모습에 대해 구체적으로 묘사하고 있다. 상제는 머리에 높은 테두리가 있는 모자를 썼으며 옷은 흑룡포를 입었고 얼굴은 금발의 수염을 하고 있으며 신체는 건장하고 엄숙하다고 묘사하고 있다.

그러나 『성경』의 경우는 하느님을 본 자가 없다고 하였을 뿐 하느님의 용모에 대해서는 묘사가 없다. 오히려 이 모습은 **중국 황제의 모습**과 매우 유사함을 알 수 있다.[27]

이상 『정유이몽』의 내용을 간단히 살펴보았다. 분명한 것은 『정유이몽』에는 기독교 이념이 근저에 깔려 있다는 사실이다. 이는 부인할 수 없는 명확한 사실이다.

그러나 이 『정유이몽』의 내용을 자세히 분석하고 고찰하여 보면 『정유이몽』에는 기독교적인 요소 이외에 **도교, 불교, 이슬람교, 민간신앙적**인 요소도 가미하여 건국의 이념으로 활용하였음을 알 수 있다.

---

27) 이와 관련된 내용은 졸고, 「홍수전 정유이몽 별설」, 『중국 근대사』, 중국인민대학 서보자료중심, 1993년 12월, 참고 바람.

2. 배상제회 종교의 창설과 태평천국건국

1) '배상제회' 종교의 창설

홍수전은 중국 광동성 화현 사람으로서 가정환경은 중농 정도이나 생활은 곤궁하여 가족 중에 유일하게 교육의 혜택을 누린 사람이다. 그러나 16세에 이르러서는 더 이상 학교에 다닐 수가 없어 집에서 농사를 지었으며 18세에 이르러서는 서당에서 훈장 노릇을 하였다.

그러나 이 시기에 그는 청 왕조가 대외적으로 수모를 당하고 대내적으로는 민중을 배신하고 압박하여 민중들은 생을 영위할 방법이 없는 암울한 상황을 직접 목도하고 몸으로 느끼게 된다.

이런 상황에서 그는 성경을 읽고(1843) 또다시 이전에(1837) 꾼 꿈을 상기하게 되고『정유이몽』은 바로 상제님이 자신에게 시대를 구제하라고 주신 메시지였다는 것을 확신하게 된다.

초기에 홍수전과 풍운산을 따르는 신도들은 그들의 가족이나 친지와 친구들이 대부분이었다. 배상제회 종교의 창설과정을 살펴보면 홍수전은 1843년부터 동지인 풍운산과 함께 고향에서 공자의 위패를 부수는 등 종교 활동을 하기 시작하였다고 한다.

이 사건이 계기가 되어 홍수전은 생계수단이었던 서당의 훈장 자리도 잃어버리고 풍운산과 같이 1844년 4월 고향을 떠나 광서성 귀현으로 도망간다.

귀현에서는 비교적 성공적으로 많은 신도를 확보할 수 있었지만 홍은 같은 해 10월 고향으로 돌아와 저술활동에 들어갔고 풍운산은 광서성 귀현의 이웃인 광서성 계평의 자형산으로 와서 활발하게 종교 활동을 벌이게 된다.

결국 풍운산의 열성적인 정성과 노력에 의해 1845∼1847년 사이 자형산 구역에 사는 주민 중에서 3천여 명의 신도를 확보할 수 있었고 이를 기반으로 풍운산은 드디어 '배상제회'라는 종교 단체를 만들게 된다.

한편 고향으로 돌아와 저술활동을 하고 있던 홍수전은 이 시기에 『원도구세가(原道救世歌)』, 『원도성세훈(原道醒世訓)』 등의 작품을 완성하였다.

이 『原道求世歌』의 내용을 요약하면 다음과 같다.

도(道)의 근본은 하늘에서 나오니 삼가 하늘의 도로서 어진 이들을 깨우치세⋯⋯. 일체의 속세의 정에 끌리지 말며 또한 일체의 망념(妄念)을 버려야 한다. 개벽(開闢)한 진신(眞神)만이 유일한 하느님이시니 신분이 귀하든 천하든 모두 경건하게 하느님을 숭배해야 한다. 하늘의 아버지 하느님은 모든 이에게 똑같이 대하시니 천하가 한 가족임은 예부터 전하여 오는 것이다. 반고 이래로 3대에 이르기까지 임금과 백성은 한 몸으로 하느님을 공경해야 한다⋯⋯.
부정(不正)하면 하늘이 벌을 내릴 것이며 반면에 바르게 살면 하늘이 예뻐하실 것이다.

그 첫째, 부정한 것은 음란한 것이니 하느님은 이 요사스러운 음란함을 가장 싫어하신다.

둘째, 부정한 것은 부모를 거역하는 것이며 이는 하늘의 규칙을 크게 범하는 것이다.

셋째, 부정한 것은 살해이니 이는 죄의 으뜸이다. 하늘 아래에 사는 사람들은 모두 형제로서 영혼도 하늘에서 온 것이니 하느님은 이들을 모두 같은 자식으로 여기시는데 그 자식들이 서로를 아프게 하면 하느님은 슬퍼하시고 불쌍히 여기신다.

넷째, 부정한 것은 도적질이니 옳은 것도 아니고 자애로운 것도 아닌 것을 해서는 안 된다. 무리를 지어 나쁜 짓을 행하면 하늘이 지켜 주지 않으며 그 죄악은 세상에 넘치고 넘치어 스스로 화를 자초하게 된다.

다섯째, 부정한 것은 미신이니 간사한 꾀로 사람을 현혹시키면 천벌을 받게 된다. 삶과 죽음과 재난과 병은 모두 하늘이 정하는 것이니 무슨 연고로 사람을 미혹시키어 허망하게 부적을 만들 것인가?

여섯째, 부정한 것은 도박이니 이 도박은 칼을 가슴에 품고 살인하는 것으로 마음이 아름답지 못한 것이다……

善을 쌓으면 경사가 넘칠 것이며 악을 쌓으면 재앙이 넘칠 것이다. 하늘의 뜻을 거스르지 않는 자는 가엽게 여길 것이며 하느님을 존경하고 숭배하는 자는 영광이 있을 것이다.[28]

『원도성세훈(原道醒世訓)』의 내용을 요약하면 다음과 같다.

천하의 모든 남자는 모두 형제의 무리이며 또한 천하의 모든 여

자는 모두 자매의 무리이다. 난이 극에 다다르면 다스려지고 어둠
이 극에 달하면 밝음이 찾아오는 것은 하늘의 도가 아닌가? 지금
밤이 물러가고 태양이 떠오르니 천하를 한 가족으로 만들어 우리
모두 태평을 누려 보세!

우리는 이들 두 작품을 통해 홍수전이 품고 있었던 기본 사상
을 이해할 수 있다. 홍수전이 품었던 이상 사회는 경제적으로 평
등하며 또한 사회 정치적으로도 계급이 없는 유가에서 이상적인
사회로 여기고 있는 대동사회였다.

저술활동에 종사하고 있던 홍수전은 1847년 8월 풍운산이 있
는 자형산으로 와서 배상제회의 교주로 추대받는다.[29]

배상제회의 주장은 '백성은 상제님의 통솔하에서 나라와 나라
사이, 사람과 사람 사이, 남자와 여자, 부유한 자와 곤궁한 자 모
두 일률적으로 평등하다. 따라서 부정(不正)한 사람이 사람을 압
박하는 것과 그리고 백성들을 압박하는 청 황제와 관리, 지주 등
에 대해서 모두 반대하며 밭이 있으면 같이 농사에 종사해야 하
고 밥이 있으면 같이 먹고 옷이 있으면 같이 입어야 한다'는 것
이다.

이 같은 평등과 자유와 박애의 주장은 공교롭게도 당시 많은
백성들의 요구와 맞아떨어졌으며 농민과 실직 수공업자들의 환
영을 받았다. 1849~1850년 사이에 신도들은 점점 늘어났으며 양

---

29) 『태평조서』, 중국 근대사자료총간 『태평천국』 제1책, 신주국광사, 1952년.

수청·소조귀·위창휘·석달개 등이 참가하여 신도 수는 만여 명에 달하게 되었다.

1850년(도광 30년) 교도들은 지주와 관신(官紳)들의 압박을 견디지 못하여 드디어 거사를 결심하게 된다. 홍수전은 소속된 배상제회 신도들을 무장시키고 군대를 편성하여 이들을 모두 광서성 계평 금전촌으로 소집하였다.

이어서 1851년 1월 11일 드디어 金田村에서 정식 거사를 선포하였고 국호를 태평천국이라고 하였다. 지도체계는 홍수전은 **천왕**으로, 양수청은 **동왕**으로, 소조귀는 **서왕**으로, 풍운산은 **남왕**으로, 위창휘은 **북왕**으로, 석달개는 **익왕**으로 정하게 된다.

2) 태평천국의 건국

태평군은 1851년 1월 11일 거사를 일으킨 후에 그들은 가는 곳마다 탐관오리와 토호(土豪)들을 처단하고 관청과 묘우(廟宇)를 부수고 땅문서를 불태운 후 토지를 백성들에게 나누어 주었다.

태평군은 금전촌 거사 당시에는 단지 몇천 명에 불과하였으나 호남성으로 입성(풍운산이 전사함)하면서부터는 5~6만의 병력을 갖추게 되었다.

막강한 병력을 갖춘 혁명군은 이어서 호남성 장사를 공격하였으나 함락시키는 것이 여의치 않아(이때 소조귀가 대포에 맞아

전사함) 악주로 방향을 바꾸어 공략한다. 악주를 함락시킨 육해
군 태평군이 파죽지세로 호북성 무창을 점령하였을 때는 오십
만에 이르는 대군의 위용을 갖추었다.

가는 곳마다 백성들의 뜨거운 성원을 받은 태평군은 그 세가
너무나 강하여 청군은 태평군의 적수가 되지 못하고 싸울 때마
다 쉽게 무너져 버렸다.

1853년 3월 19일 드디어 강소성 남경을 점령한 태평군은 천해
의 요새지역이며 곡창지대인 남경을 수도로 정하게 된다. 이때
태평군의 숫자는 이로부터 불과 3년이 되지 않아 육해군 2백여
만 명에 달하는 대군이 되어 이들을 거느리고 청 왕조와 싸우게
된다.

태평군은 남경을 점령하고 이곳을 수도로 정한 후에 『천조전
무제도』를 반포한다.

이 제도는 태평천국의 토지제도로서 토지를 9등급으로 나누어
사람숫자에 따라서 합리적으로 분배하는 제도이며, 또 농촌 안에
서 그리고 군대 하층 조직 안에서 민주선거를 실시하였으며, 여
권을 존중하여 여성도 관원이 될 수 있고 군대에 갈 수 있게 하
였으며, 혼인을 사고파는 것을 금지하였으며 또한 노비를 소유하
고 첩을 두고 전족을 하는 것 그리고 도박과 음주 아편흡입 등도
모두 금지하였다.

이러한 민주제적인 성격을 띤 태평군의 청 왕조 전복 정책은

대다수 백성들의 큰 지지를 받게 된다. 그러나 태평군이 남경에 수도를 정하자 청 정부의 지지를 받은 강남대영과 강북대영 이 두 대영이 남경성을 위협하게 된다. 포위를 받은 태평군은 이에 대한 돌파구로 북벌(北伐)과 서정(西征)을 단행한다.

강남대영과 강북대영의 포위 공격을 받은 태평군은 이들을 분산시키고 남경성을 방어할 목적으로 북벌을 단행한다.

남경에서 출발한 태평군은 천진까지는 성공적으로 진군을 하였는데 그러나 천진성에서 대패를 거두고 1854년 2월 철수를 단행한다. 그리고는 곧바로 1854년 5월 31일 풍관둔에서 북벌군 전원이 전몰한다.

북벌 작전이 실패하였다. 태평천국의 병사들 대부분은 중국 남부 출신으로 추위에 무지했고 추위에 대해서 전혀 준비하지 않은 채 북벌을 단행하였던 것이다.

평생을 눈 한번 본 적이 없었던 태평군의 병사들은 청군에게 패한 것이 아니고 추위와의 싸움에서 대패한 것이다. 어떤 병사들은 너무나 추워 불을 쬐다가 손발이 타서 떨어져 나가는 것도 몰랐다고 할 정도로 이들은 추운 날씨가 어떤 것인지 몰랐으니 그 결과 실패한 것은 너무도 당연한 것이었다.

한편 태평천국의 **서정군(西征軍)**은 남경을 보호하고 또 영역을 좀 더 확보할 목적으로 양자강 중·하류 유역 공략을 결정한다. 태평군은 양자강을 따라 올라가면서 청 군대를 공략하였고 이들 전투는 대체적으로 성공적인 결과를 얻었다.

이중 무한 지역은 후에 증국번이 조직하고 인솔한 상군에 의해 재차 빼앗기게 되었으나 석달개가 다시 상군을 공격하여 대파하고 다시 되찾아 오게 된다. 이로써 양자강 연안은 모두 태평군의 수중에 들어오고 또한 각지 농민들의 호응을 받게 되어 이때 태평군의 최전성기를 누리게 된다.

태평군이 남경에 수도를 정한 사실에 대해서 현재 학계에는 두 가지 견해가 있다.

한 견해는, 남경에 수도를 정한 것은 정확한 방침이었다는 설이다. 그 이유에 대해서는:

1. 태평천국의 역량으로 보면 남경 점령 후에 아직 적을 철저하게 소멸하기에는 그 역량은 부족한 측면이 있다. 실제 태평군의 전투 인원은 10여만 명에 불과하며 그리고 장기적인 전투로 인하여 믿을 만한 후방 기지가 없으므로 남경에 수도를 정한 것은 필요한 것이었다.

2. 전국적인 범위로 보면 청조의 역량은 아직 우세에 있었으며 청 정부는 결코 붕괴되고 와해되지 않았다. 따라서 남경 수도 건립은 현명한 판단이었다.

3. 남경 수도 건립 이후에 험준한 양자강 유역을 의지하여 풍요로운 동남지역에 후방기지를 건립할 수 있었으며 이를 기

반으로 후에 북벌을 통하여 전국적인 정권을 건립할 수 있었다.

또 다른 한 견해는, 남경 수도 건립은 심각한 전략적 착오라는 설이다. 그 이유는:

1. 적극적인 의의로 보면 천재일우(千載一遇)의 기회를 상실하였다. 당시에 만일 전군의 역량을 결집하여 북벌을 단행하고 연해안 지역의 농민 거사를 활용하여 북경으로 진공하였다면 성공 가능성은 매우 높은 것이었다.

2. 소극적인 의의로 본다면 태평천국의 전략 사상과 책략 방침은 천경 정권을 공고히 하는 데 있어서 필요한 일이었다. 그리고 이로부터 병력을 나누어서 근거지를 확충하는 전략은 이전의 병력을 총동원한 전략과는 구별되는 것이었다. 그러나 이러한 전략 사상은 결과적으로 병력의 분산을 가져와 북벌군이 적진 깊숙이 들어가 전군이 몰살당하는 결과를 가져오게 하였다. 즉 지나치게 일찍이 수도를 건립함으로써 봉건 제왕 사상과 향락 사상이 빠르게 싹트는 것을 조장하였고 나아가서는 지도층의 부패와 모순으로 상호 간의 학살을 초래하게 하였다.[30]

---

30) 장세제 · 오진체, 『중국근대사 참고자료』, 고등교육출판사, 12〜13쪽.

3. 천조전무제도

1) 천조전무제도의 기원

1853년 3월 19일 태평천국은 남경에 도읍을 정한 후에 그해 말에 천조전무제도를 반포한다. 이 제도는 당시 농민들의 최대 관심사인 토지에 관한 제도로서 이 토지제도는 태평천국의 정치, 경제, 사회문화를 움직이는 기본 강령이 되었다. 천조전무제도의 기원은 태평군의 초기 군사조직에서 유래한다.

태평군이 초기에 거사하였을 때 만들었던 군사조직은 아래와 같다.

5가(家)를 오(伍)라 하고 이들의 책임자는 오장(伍長)이다.
5명의 오장(伍長) 위에는 양사마(兩司馬)가 있다.
4명의 양사마 위에는 졸장(卒長)이 있다.
5명의 졸장 위에는 여수(旅帥)가 있다.
5명의 여수 위에는 사수(師帥)가 있다.
5명의 사수 위에는 군수(軍帥)가 있다.
군수 위에는 전군총수(全軍統帥)가 파견한 총제(總制) 혹은 감군(監軍)이 있다.[31]

---

31) 『중국통사참고자료·근대』 상; 장세제·오진체, 『중국근대사 참고자료』, 고등교육출판사에서 전인함.

이상이 태평군의 초기 군사조직인데 태평군은 건국 후 군사조직을 이용하여 태평천국의 건국에 성공하였으며 그리고 남경에 수도를 정한 후에는 바로 이 군사제도를 사회에 적용하여 태평천국을 움직이는 기본 원동력으로 삼았다.

이 중 25가구를 다스리는 양사마는 바로 천조전무제도의 가장 기본적인 사회단위이다.

운영하는 방식은 매년 생산한 곡식과 돈은 25가구가 먹고 사용하는 것을 제외하고 모두 25가구마다 설치한 국고로 보낸다. 그리고 이 곡식과 돈을 장부에 기재한 후에 그들이 사용할 것을 제외한 모두를 바로바로 위 상부로 제출한다.

그리고 관혼상제가 있을 때마다 지위 고하를 막론하고 한 가구당 錢千文 곡식 100근을 지급하였으며 사회의 보살핌을 필요로 하는 홀아비, 과부, 고아, 자식 없는 노인, 장애인, 질병 있는 자들은 모두 국고에서 완전히 보장해 주는 사회보장 제도를 시행하였다. 또 도공, 대장장이, 목수, 석공 등은 농번기에는 농사를 짓다가 농한기에 자기 전공을 활용하였다.

이처럼 태평군은 백성들의 가장 큰 관심사인 먹고사는 민생문제를 바로 이 같은 제도를 통하여 해결하였다.

본래 태평군은 건국 초기부터 개인의 소유권을 인정하지 않았다. 그들은 부자든 가난한 자든지 구분 없이 개인이 소유한 논밭과 재산은 몰수하여 모두 국고로 집어넣어 평균적인 공급정책을

시행하였다. 이러한 이상적인 사회건설에 대한 염원이 바로 '25
가'에 그대로 반영되어 시행되었던 것이다.

2) 천조전무제도에 나타난 기본사상

태평군의 초기 군사조직을 응용하여 시행한 천조전무제도는
명칭상은 토지에 관한 것이지만 실제는 태평천국의 사회운영에
관한 기본조직이다.

그러면 이런 표제를 선택한 이유는 무엇인가? 그것은 당시 백
성들의 가장 절실한 문제는 토지소유의 문제이었기 때문이다. 따
라서 태평천국은 천조전무제도를 반포하면서 토지의 분배에 대
해 백성들의 염원을 반영하여 모든 백성들이 토지를 소유할 수
있게 하였다.

즉 밭이 있으며 같이 갈고 먹을 것이 있으면 같이 먹고 입을 것
이 있으면 같이 입고 돈이 있으면 같이 쓰니 배불리 먹고 따듯하
지 않은 사람이 없게 하려 한다고 하였다. 이런 원칙에 의해 토지
분배도 모든 백성들에게 고르게 안배하는 정책을 시행하였다.

토지 분배의 원칙은 사람 수에 따라 분배하며 분배할 때 공정
성을 기하기 위하여 토지 생산량의 다소에 따라 상상등에서 하
하등까지 도합 9등급으로 나누어 토지를 분배한다. 또 각 가정에
서 생산된 것들은 모두 국고로 보내어 필요할 때마다 공평하게

나누어 쓰니 개인은 재산을 소유할 필요가 없어 그들의 가산은 모두 처분하여 국고로 귀속시키었다.

천조전무제도에 나타난 기본사상은 대담하게도 토지는 천하에 귀속된다는 것을 내세우며 토지의 개인 소유권을 부정하고 있다. 즉 이는 토지혁명의 내용을 담고 있어 봉건제 토지소유방식을 부정하고 공유제 사회의 실현을 목표로 하고 있음을 알 수 있다.

4. 내홍과 멸망

태평군은 남경에 수도를 정한 후에 영도자들의 심경에 변화가 생기게 되고 이에 따라서 생활양식에 변화도 일기 시작했다.

어느 정도 기반이 구축되고 생활에 안정을 되찾자 자만하기 시작하고 구태의연한 생활을 일삼기 시작하게 되었다. 그들은 민중들의 삶에는 별다른 관심을 가지지 않게 되었고 반면에 자신들의 행복과 향락에만 관심을 가지기에 이르렀다.

태평천국의 지도자들은 처음에 사람들에게 약속하였던 모든 것들을 다 까맣게 잊고 청 왕조의 사치풍조를 모방하여 멋있는 황궁을 짓고 사치하고 방탕한 생활을 하는 등 자신의 안락과 부귀를 위하는 데에만 관심을 보였다.

예를 들면 건국 초기와는 달리 천왕 홍수전이 등장할 때는 관원들은 대문 밖에서 줄을 서서 있다가 홍수전이 도착하면 의식에 따라 꿇어 엎드려 만세를 외쳐댔으며 정작 조회 때는 양수청과 위창휘, 석달개 등 몇몇 왕만 접견하였다고 한다.

홍수전은 태평천국을 건국할 때 분명하게 밥이 있으면 같이 나누어 먹고 옷이 있으면 같이 나누어 입고 돈이 있으면 같이 나누어 쓰자고 천하에 선포하였다.

그들의 관계는 상하관계도 아니었고 군신관계도 아니었었다. 뼈아픈 시련과 고초를 겪으며 슬픔과 기쁨을 같이 나누었기에 그들은 모두가 형제가 되기를 바랐으며 또한 친구였고 자매였다.

그러나 이제 그들은 더 이상 연민의 정을 느끼는 형제도 친구도 아니었다. 태평천국의 지도자들은 모두 제왕이 되어 백성들 위에 군림하고 이 제왕들은 천여 명 이상의 관료와 시중들을 거느렸다.

게다가 홍수전이 타고 다니는 교자를 들고 다니는 사람은 청 황제의 두 배에 달하는 64명이었다고 한다. 심지어는 25가구를 책임지고 있는 양사마도 4명의 교부가 있었다.

그들은 고난과 즐거움을 같이하겠다던 모든 약속을 저버렸다. 이로부터 태평군 지도자와 백성들 사이의 믿음과 신뢰는 존재하지 않았으니 그들과 민중들과의 거리는 점점 멀어지기 시작하였다.

그리고 태평군은 이 당시에 북방의 염당(捻黨)과 남방의 삼합

회(三合會) 그리고 전국 각지에서 발생한 농민운동에 대해서도 별다른 관심을 보이지 않았고 연합작전을 전개하지 않는다.

이와 같이 민중의 역량을 하나로 결집하여 국력을 강화하는 것이 절실하게 필요로 하는 시기에 태평군은 스스로 고립을 자초하였고 또한 내분까지 겹치어 결국은 멸망의 과정을 걷게 된다.

이 시기에 이르러 태평군은 또 하나의 커다란 실수를 범하게 된다. 남경에 수도를 정한 이후에 태평군은 청 정부가 아직도 강력한 주력부대를 갖고 있는 것을 잊은 듯했다.

거기에다가 대승을 거둔 후에 주력군을 동원하여 북경에 근거지를 두고 있는 청 정부를 직접적으로 압박하는 군사정책을 시행하지 않고 오히려 전투력이 미약한 임봉상과 이개방을 동원하여 북벌을 단행함으로써 청 정부가 숨을 돌리고 재정비할 수 있는 시간을 주게 된다.

여기에다가 홍수전은 남경에 도착한 이후에 궁궐에서 안거하면서 편안히 부와 존영을 누렸으며 군사와 나라의 경영에 대해서는 모두 양수청 한 사람이 결정하였다.

그러나 양수청의 권력이 지나치게 커지면서 홍수전의 의심을 받기에 이르렀고 결국 야심가인 위창휘와 의논한 결과 양수청을 제거하기로 결정한다.

결국 1856년 9~11월 사이에 남경에서 비극적인 대변란이 발생한다. 이때에 태평천국의 핵심인사들인 천왕 홍수전, 동왕 양수청, 북왕 위창휘, 익왕 석달개 등은 모두 변란에 휩쓸린다.

홍수전에 이어 권력서열 2위인 양수청은 자신의 권력만을 믿고 오만방자해진다. 그는 자신의 몸에 상제님이 들어왔다고 하여 홍수전 마저도 굴복시키려 하였으며 1856년 강남대영을 격파한 후에는 공개적으로 홍수전의 자리를 위협하기에 이르렀다.

결국 양수청과 그의 가족 그리고 부하관원들은 홍수전의 명령을 받은 위창휘에 의해 모두 살해되었다. 살해된 양수청의 부하와 시종은 도합 2만여 명에 달한다(1856년 9월 2일).

그러나 일을 마친 홍수전은 문제를 해결한 위창휘마저도 살해하였고 문무를 겸한 석달개 역시도 불신임을 하여 석달개는 십여 만의 병사들을 데리고 남경성을 떠나게 된다.

남경을 떠난 석달개는 강남의 각 성을 부대 이끌고 전전하다가 사천성으로 들어가게 된다. 그러나 그 역시 7년여의 고투 끝에 결국 청군에 의하여 사천성의 대도하 근처에서 소멸된다(1863년).

천경의 갑작스러운 변란이 태평천국에게 준 충격은 실로 대단한 것이었다. 태평천국의 중심인물들이 모두 변란에 휩쓸려 들어가면서 군사역량은 심각한 타격을 입었다.

또한 정치적으로도 지상에 천국 사회를 만들겠다는 일념으로 만나면서 서로 간을 형제로 불렀던 이들은 이번 분열로 그 빛이 바래게 되었다.

초기 태평군의 승리는 청 황제에게 위협적일 뿐만 아니라 지방의 호신(豪紳) 지주들에게도 놀라움을 안겨다 주었다. 이에 증국번과 이홍장 등 이들 지방 세력가들은 상군과 회군을 조직하여 청군과 연합작전을 전개하며 혁명군에 타격을 가하기 시작하였다.

이와 동시에 제국주의 세력도 청 정부에 동조하고 나섰으며 영국, 프랑스, 미국은 청 정부와 동맹을 형성하여 강력한 반혁명의 전선이 결성되게 된다.

설상가상으로 이 당시 태평천국의 내부는 분열되어 서로 간에 죽고 죽이는 학살을 자행하니 태평천국의 운명은 풍전등화와 같

〈그림 6〉 태평군이 사용한 대포(태평천국역사박물관 소장)

은 처지에 놓이게 된다.

증국번은 태평군과의 싸움에 전력을 다하기 위하여 제국주의 세력과의 타협을 힘써서 주장하였고 그가 조직한 상군은 양자강 상류로부터 시작하여 동으로 쳐들어갔으며 이홍장이 조직한 회군은 영국과 미국 프랑스의 '상승군(常勝軍)'과 더불어 양자강 하류로부터 시작하여 서쪽으로 진격하여 갔다.

동서 양쪽으로 협공을 받은 태평군은 수세에 처하게 되었고 비록 태평군의 명장인 진옥성과 이수성 장군 역시도 많은 승리를 거두었으나 이들 역시도 단지 방어만 할 수밖에 없었다.

이런 상황에서 홍수전이 진옥성과 이수성에 대해서 중용하지 않을 뿐 아니라 정사에 소홀히 하게 되자 **태평천국**은 하루가 다르게 망가졌으며 인심은 흉흉하여졌고 태평군 역량 역시 점점 소멸되어 가게 된다.

1856년 증국번의 상군은 호북성 무창을 점령하였고 이어서 구강과 안경 지역도 점령하였으며 이때 진옥성은 수춘에서 포로가 되어 참형을 당한다. 남경성은 증국전에게 공격을 받았고 성에서는 이수성이 사수를 하였으나 성안에 있는 양식이 소진되어 태평천국의 천왕 홍수전은 독약을 마시고 자살한다.

결국 1864년(동치 3년) 6월 18일 남경성은 청군에 의하여 완전히 함락당한다. 성안에 있던 10여만 태평군은 성으로 들어온 상군과 교전을 벌여 전부 전사한다. 이때에 태평군 중에는 한 명의 투항자도 없었다고 한다.

　성안에 있던 이수성은 남경성을 탈출하였으나 포로가 되었고 감옥 안에서 『태평천국약사』를 저술한다. 그 역시 죽음의 위협 앞에서 굴하지 않고 혁명가로서의 절개를 드높인 것은 높이 평가할 수 있다. 이로써 15년간의 태평천국혁명은 완전히 실패로 끝나게 된.다.

　태평천국혁명이 비록 실패로 끝나게 되었으나 어찌 되었든지 간에 태평천국혁명은 중국 민중혁명의 시작이었다. 아편전쟁이 끝나고 8년 후에 중국 백성의 피와 땀은 중화의 역사상에 자유 평등 박애의 휘황한 커다란 글자를 적어 놓았다.

　홍수전이 임종 전에 "이후에 반드시 태평천국을 계승하여 동포를 위하여 자유를 쟁취하는 사람이 나타날 것이다"라고 말하였다. 생존의 위기에 처한 중국 민중들을 대표하여 일어난 태평천국혁명은 죽음을 두려워하지 않고 자유와 자존을 지키려고 한 숭고한 민주혁명이었다. 그러나 결과적으로 처음 시작할 때의 순수한 마음을 잃어버리고 안일과 사치에 탐닉해버린 지도층의 분열과 욕심으로 일천만 명의 생명을 담보로 일어난 홍수전의 태평천국 혁명은 멸망하게 된다. 이러한 실패에 대한 교훈은 우리들이 지금에 이르기까지 때때로 배우고 학습할 가치가 있는 것이다.

　태평천국혁명의 성격에 관해서는 대개 두 종의 견해가 있다.

일찍이 중국 통일 직후부터는 태평천국의 성격에 관해 **단순한 농민혁명**으로 보는 견해가 지배적이었다.

50년대 『인민일보·사론』에서는 태평천국의 성격과 관련하여 다음과 같이 이야기한다.[32]

태평천국은 봉건 지주계급들이 말하는 무슨 농민들의 폭란도 아니고 자산계급들이 이야기하는 반만(反滿)운동도 아니며 농민혁명일 뿐이다. 새로운 역사적 조건하에서 태평천국은 봉건주의 세력들을 반대하는 임무를 짊어졌을 뿐 아니라 외국자본주의 침략세력을 반대하는 임무를 짊어지게 되었다……. 태평천국의 영웅들은 역사가 부여한 혁명의 임무를 완수하기 위하여 영용(英勇)한 투쟁을 전개하였다. 그들은 일찍이 청 정부의 군대를 낭패시키고 도망가게 하였으며 또한 수차례에 걸쳐서 신식무기로 무장한 외국세력들을 격파였다. 그들의 전적은 휘황하였고 외국침략세력들과의 투쟁 중에 인민들의 영웅적 기개를 표현하였다. 그러나 태평천국혁명은 과거의 농민혁명보다는 구별되는 예를 들면 토지제도, 혼인제도, 군사제도 등에 현저한 점이 있지만 그러나 이러한 강령과 제도는 어떤 것은 이룰 수 없는 공상일 뿐이었고 어떤 것은 혁명의 발전 과정 중에 점점 파괴되었다.

예를 들면 태평천국의 토지강령인 『천조전무제도』는 한편으로는 농민대중들의 토지에 대한 혁명적 요구를 표현하였으나 다른 한편으로는 평균주의의 도안에 불과한 것일 뿐이다. 이러한 도안은 실현이 불가능한 것이다. 이 제도는 사회생산력의 점진적 발전을 위한 것이 아니라 오히려 사회생산력을 분산적 소농경영의 수준으로 정체시키었다. 이러한 공상적 농업사회주의 사상은 실질적으로 반동적인 성격을 띠고 있다. 태평천국혁명이 실패한 근본적

인 원인은 노동자계급의 영도가 없는 단순한 농민전쟁이었기 때문이다.

상기『사론』에서는 철저하게 마르크스의 역사를 보는 관점에 의하여 태평천국의 성격을 농민들의 폭란도 아니고 자산계급들이 이야기하는 반만(反滿)운동도 아니며 농민혁명일 뿐이라고 분석하고 평가하였다.

그러나 분명한 것은 태평천국이 농민주도의 혁명이었음에는 분명한 사실이며 쟁론의 핵심은 혁명이 단순하게 농민들의 주도로 일어난 공상적 혁명이냐 아니면 주도세력이었던 농민들이 자산계급의 성질을 띠고 있느냐의 문제이다.

자산계급의 성격을 띠고 있다는 논리는:

1. 당시의 농민은 이미 봉건적 농민이 아니었고 일부 지역에서는 고용의 성격을 띤 고용 노동자들이 출현하였다는 것이다.
2. 당시에는 시민이 출현하였다. 그리고 시민 중에는 무산계급의 맹아라고 불리는 사람들이 있었으며 자형산의 탄광 광부와 호남성의 광부, 선부(船夫), 수공업 노동자들은 모두 초기 무산계급들인 것이다.[33]

---

33) 모가기, 『태평천국사연구술평』, 궁명 편; 『중국 근대사연구술평선』, 중국인민대출판사, 궁명출판사, 51~53쪽.

5. 북방에서 일어난 농민 거사군 염당(捻黨)

이때 태평군뿐 아니라 안휘성 등 지역에 염군이라는 비밀결사대가 조성되었다. 남쪽의 태평군은 남경에서 함락되었으나 북방의 산동성과 하남성 그리고 안휘성 등에서 염당이 크게 거사를 일으킨다.

'념(捻)'은 본래 노(산동), 예(하남), 완(하남) 일대에서 일어난 비밀 결사조직의 명칭이다. 염당 각부의 인원수는 의화단과 같이 수천 명에서 수백 명에 이르기까지 일정하지는 않다.

태평군의 북경을 목표로 하였던 북벌이 실패하고 그 나머지 병사들이 염당에 가입함으로써 염당의 세력은 점점 커지게 된다. 수령 장낙행은 안휘성을 근거지로 하였으며 그 수는 수십만에 달하였다.

그리고 태평군의 이수성 장군은 일찍이 장낙행을 불러 같이 청군을 공격한 적이 있으며 또한 태평군의 진옥성 장군이 안휘성 북쪽에서 청군과 격전을 치를 때 염군의 도움을 받은 적이 있다. 이에 홍수전은 장낙행을 태평군의 옥왕으로 임명하기도 하였다. 후에 진옥성이 실패하고 장낙행도 곧이어 전사한다.

염군이 지도자를 잃은 상황에서 태평군의 진옥성 부장인 뢰문광(賴文光)은 홀로 북쪽으로 가서 회수를 건너서 염군과 합류하였으며 이때에 염군의 임화방과 장종우 등이 뢰문광을 總帥(총

수)로 추대하여 염당의 성세는 크게 진작되었다.

이에 청 조정은 크게 놀라 증국전에게 방어를 맡기었다. 그 당시 증국전은 호북성에 주둔하고 있었는데 얼마 되지 않아 염군은 호북 깊숙이 들어가 증국전 부대를 대파한다. 증국전은 분전하였으나 실패하고 남경으로 돌아오게 된다.

이에 청 정부는 다시 이홍장을 파견하게 된다. 이때 이홍장의 회군은 전군이 서양의 소총으로 무장하고 있어 단지 칼과 창으로 무장한 염당과는 군사력에 있어 비교가 되지 않았다. 그러나 염당은 많은 군중의 지지를 받고 있었고 천군만마로 무장한 군대는 기동성에 있어 비교적 우위에 있었다.

후에 뢰문광은 염군이 고립되었음을 느끼고 염군을 동서 양부로 나누어 뢰문광과 임화방은 동염군을 이끌고 산동성을 공격하였으며 장종우 등에게는 서염군을 인솔하게 하고 하남을 공격하고 섬서로 들어가 回族(회족) 거사군과 연락하도록 지시한다.

이에 청 정부는 좌종당의 상군으로 하여금 서염군을 방어하도록 지시를 내린다. 결국 1868년 봄 뢰문광은 포로가 되어 희생을 당하고 **이로 인해** 동염군은 패하여 뿔뿔이 흩어진다. 한편 서염군은 섬서성에서 산서성으로 진격하여 재차 직예(현 천진)로 공격하여 들어간다.

이에 청 조정은 크게 놀라 기병을 파견하여 반격을 하였고 더불어 상군과 회군 그리고 안휘성과 산동성의 군대까지 파견하여 북상을 단행하니 서염군은 중과부적으로 수세에 몰렸으며 결국 1868년 가을 직예로부터 들어온 청군에게 서염군은 섬멸당한다.

염당의 거사는 전후로 16년 동안 진행되었으며 참여한 지역 역시 강소성·안휘성·호북성·산동성·하남성·섬서성·산서성·직예 등 8개의 성을 걸쳐 광범위하게 일어났다.

염당의 거사는 시기적으로는 태평천국과 동 시기이며 또한 태평천국과 더불어 이 시기에 일어난 양자강 이북 농민들의 대폭동이라고 할 수 있다. 그러나 아쉽게도 태평천국 군과 연합 작전을 단행하지 않아 태평천국의 실패와 더불어 그 세력은 점차 약화되어 결국에는 스스로 고립되어 청군에게 섬멸당하게 된다.

제4장
양무운동

청나라 말 청 왕조의 문제가 무엇인가? 무엇 때문에 외국과의 전쟁에서는 백 번을 싸우면 백 번을 졌으며 무슨 이유로 백성들의 삶의 절규와 내란이 끊이지를 않고 일어났는가? 백성들은 하루하루를 사는 것이 바로 고통 그 자체였다.

문제의 원인은 무엇이었는가?

광동성의 순무 백령은 광동에 올 때는 "돈이 없어 주변 사람에게 돈을 빌려 이사비용으로 사용하였는데 몇 년 후 양강총독으로 승진해서 부임해서 갈 때는 2천여 명의 인부를 동원하여 그의 재물을 운반하였다고 한다"[34]

---

34) 인민교육출판사역사실 편저, 『중국근대현대사』, 길림: 인민교육출판사, 1992년, 2쪽.

문제의 원인은 중국 전 사회에 만연해 있는 부패였다.

이 같은 정부 관리들의 부패는 조직적이며 전국적으로 광범위하게 이루어졌다. 심지어 그들은 일신의 사리사욕을 위하여 공개적으로 관직을 사고팔았다.

가경 시기 관직을 팔아 거둔 수입은 백은 1억 2천만여 냥이었다고 한다. 그러나 문제의 시작은 여기서부터였다. 관직을 사기 위하여 돈을 쓴 관리들은 백성들을 끊임없이 착취하였고 이러한 경제적 압박을 견디지 못한 백성들은 결국 거지가 되거나 민란의 길을 선택할 수밖에 없었다.

국가적 위기상황이었다. 이처럼 청 왕조의 부패하고 타락한 위정자들은 향락으로 하루하루를 소비하고 즐기는 계층이었다.

반면에 당시 서양의 상황은 어떠하였는가? 유럽과 미국의 자본주의 국가들은 국가 발전을 가속화하였으며 영국은 19세기 전반기에 산업혁명을 완성시켜 세계 최강의 강국으로 발돋움하였다.

1835년 공업 생산량의 경우 영국은 세계 총생산량의 절반을 차지하였으며 이때 벌써 영국은 바다의 패왕이 되어 5대양 6대주를 돌아다니며 도처에서 식민제국을 건설하였다.

미국과 프랑스 역시도 신속하게 과학화와 공업화를 이루어 세계로 그 영향력을 확대해 갔다. 급격히 변화하는 세계의 흐름을 제대로 읽지 못하고 뒤처져 있던 중국은 태평천국이 진압되던

해인 1864년 왕조의 존속과 국가적 위기를 극복하기 위하여 양무운동을 단행한다.

1. 양무운동의 시작

1840년부터 청 왕조는 서양 세력들의 외침을 받기 시작한다. 아편전쟁에서는 섬나라 영국에 대패하였고 또 이어진 태평천국혁명 등의 내란으로 인하여 중국의 전 지역은 전란의 소용돌이에 휩싸인다.

내우외환의 국가적 위기 속에서 반드시 자구책을 모색해야만 했던 청 왕조는 당시 서양의 막강한 선진적 군사력에 주목한다. 그들의 현대식 대포와 총은 자신들이 사용하던 구식 총과 대포와는 비교가 되지 않았으며 특히 강철로 만든 막강 군함의 위력 앞에 매료될 수밖에 없었다.

이에 청 왕조는 서양의 선진적 무기를 도입하고 나아가서는 민용공업과 군수공업 생산능력을 갖추어 부국강병을 꾀하는 양무운동을 계획하기에 이른다. 그들은 1864~1894년까지 군사력 강화를 위하여 모든 정성을 쏟아부었다. 도합 무려 30년의 기간이었다.

결과는 처참하였다. 근본적인 사회체제의 개혁이 없이 단순하게 근대적 선진무기나 공업생산 능력을 갖추려고 했던 무모한 노력은 실패로 돌아갈 수밖에 없었다.

양무운동의 **산생 시기**는 1864년 태평천국이 멸망하던 바로 그 해였으며 결속된 시기는 1894년 갑오전쟁의 발발한 시기이다.

산생 배경은 대외적으로는 서방국가의 침략으로 국가적 위기를 맞이하고 대내적으로는 농민반란이 계속해서 일어날 때 이에 대한 해결책으로 양무운동이 시작된 것이다.

본래 **양무**는 대외관계의 모든 일, 즉 외교교섭, 조약, 유학생 파견, 외국의 과학기술습득, 대포와 총기의 구입, 공장 설립 등이 모두 양무에 속한다.

1864~1894년 사이에 추진되었던 양무운동의 **주요 내용**은 군사공업, 군사공업과 관련된 기타 기업, 신식무기 장비를 갖춘 육해군의 양성 등이다.

주창자는 중앙은 총리각국사무아문의 대신인 혁흔과 문상 등이며 지방은 증국번, 좌종당, 이홍장 등이 대표적인 인물이다.

이 중에 이홍장은 양무운동을 경영한 시간이 제일 많고 관계된 기업도 제일 많으므로 양무운동의 대표적인 인물이라 할 수 있다. 이와 같이 양무운동에 종사한 모든 인물들을 역사에서는 양무파(洋務派)라 칭한다.

양무운동이 시작될 무렵에 서양의 과학기술은 이미 높은 수준에 있어 청 병사 1,000명이 1명을 당해 내지 못하는 상황이었으며 이에 지식인들과 사대부들은 서양의 과학문명을 동경할 수밖에 없는 상황이었다. 또한 중국을 구하기 위해서는 서방의 선진적 학문과 과학기술을 반드시 배워야 한다는 흐름이 지식인들을 중심으로 강하게 존재하여 있었다.

양무운동을 처리하는 전문기관은 **총리각국사무아문**(군기처에 해당하며 이 기구는 1861년 외국과의 관계가 잦아지자 신설한 기구로서 외국과의 관계를 관장하는 기구임)이며 이 외에 2차 아편전쟁 후 통상 항구가 증가하자 남양통상 대신과 북양통상 대신을 설립하였다.

아편전쟁 이전에 청 정부는 외교관계를 처리하는 전문 기구가 없었으며 단지 예부와 이번원에서 외교와 관계된 일을 담당하고 있었다. 그러다가 아편전쟁 이후부터는 서양과의 접촉이 빈번해지고 상품 교역이 급속도로 많아지게 되자 1861년 청 정부는 총리아문을 만들게 된다. 총리아문은 외교, 통상, 양무와 관계된 일을 처리하는 중앙기구로서 처음에는 혁흔이 이 기구를 관장하였다.

이 당시 서양에서 들여오는 상품은 작게는 압정, 성냥 등이며 크게는 기계, 상선 등 없는 것이 없을 정도였다. 그중 양사(洋紗)나 양포(洋布)는 중국이 수입하는 물건 중에서 가장 큰 비중을 차지하였는데 이로 하여 소규모 방직업이 발달한 절강성의 경우는 "백 리 안에서 기계 소리를 들을 수 없었다"[35]고 할 정도로

---

35) 인민교육출판사역사실 편저, 『중국근대현대사』, 길림: 인민교육출판사, 1992년, 30쪽.

가내 수공업이 큰 타격을 받았다.

중국이 근대 시기로 넘어가면서 백성들이 일순간에 받은 타격은 매우 큰 것이었다. 이들 농민과 수공업자들은 대량으로 파산하여 실업을 하게 되었다.

양무운동 기간에 청 왕조는 부국강병의 깃발 아래 군사공업을 일으키고 신식군대를 만들어 국내외의 도전에 대처해 나갔으나 결국은 중일 갑오전쟁에서의 패배로 인하여 더 이상 존속할 의미를 잃어버렸다. 대포를 몇 번 쏘면 포구가 갈라지고, 만들어 놓은 포탄을 정작 사용할 때는 사이즈가 맞지 않는 등 양무운동의 어설픈 기술력은 전쟁의 승패에 중대한 영향을 끼쳤으며 전쟁이 청의 참패로 끝나자 이 운동도 자연스럽게 종결된다.

2. 양무운동의 종류

양무운동은 관판(官辦), 관독상판(官督商辦), 관상합판(官商合辦)의 세 종류로 구분할 수 있다.

관판기업은 신식 기계를 사용하고 대량의 노동자를 고용하였으며 또한 조직형태 역시 서방국가의 기업형태를 모방한 근대식 기업이었다. 따라서 기존의 관영공장에서 취하는 수공업 방식과는 분명히 형태를 달리한 자본주의적 색채를 띤 기업이라고 할 수 있다.

이들 기업에서는 규모는 아주 작지만 예를 들면 이홍장이 소주와 상해에서 양포국(洋砲局)을 설립하여 대포와 포탄을 만들었으며 증국번은 안경에 군수공장을 설립하여 1척의 화물선을 제조하기도 하였다.

그러나 대부분의 기업들이 제대로 된 물건은 만들지 못하였을뿐만 아니라 재정 적자를 견디지 못하여 파산의 길을 걸었다.

예를 들면 군함 제조회사였던 강남제조국은 군함을 한 척도 만들지 못하였다고 한다. 왜냐하면 군함을 만들기 위해서는 외국으로부터 질 좋은 강철 등의 기자재를 구매해야 하고 또 기술자를 초빙하여야 하는데 이렇게 하느니 차라리 선박을 통째로 구매하는 것이 훨씬 저렴하였기 때문이다. 결국 이 회사는 총과 총알 제작을 하는 데에 그쳤다고 한다.

관독상판은 관이 감독하고 상인이 자본을 출자하는 것을 말한다. 이 형태는 관판기업과는 달리 개인 투자자들을 끌어들여 투자하도록 하였으며 또 민용공업에 주력하여 공장에서 생산된 물건은 상품화시켰다.

그러나 기업을 운영하는 중에 손해를 보면 상인만 손해를 보고 이익을 보면 상인과 나누어 갖는 구조상의 문제가 있었으며 더욱 심각한 문제는 관에서 자신들의 권력을 이용하게 마음대로 기업의 재산을 삼키는 일도 종종 발생하였다.

이 외 **관상합판**은 관과 상인이 공동 출자하는 방식이다. 이 방식은 역시 근대적인 기업의 형태를 띠고 있었지만 엄밀히 보면 관의 실력자들이 기업을 만들어 운영함으로써 일종의 관료 자본주의라고 할 수 있다.

그러나 양무운동의 시행으로 중국 역사상 처음으로 근대적 기업이 출현하게 되었으며 또한 봉건적인 경제체제는 와해되고 민족 자산계급이 출현하게 되는 역사적 전환기를 맞이하게 된다.

3. 양무파와 수구파의 쟁론

아편전쟁 이후 열강의 침략과 연이은 전쟁의 패배로 청 왕조는 망연자실한다. 무너져 가는 왕조와 국가를 구하기 위한 비상의 자구책이 세워져야 함은 당시의 급선무한 일이었다. 그래서 시작한 중국의 근대화 운동이 바로 양무운동이며 이를 주도한 세력들이 바로 증국번(曾國藩)36) · 이홍장(李鴻章)37) · 좌종당(左宗棠) 등이었다.

이들의 중심사상은 중체서용(中體西用)으로 그 요지는 중국의 학문을 체(體)로 하고 서양의 학문을 용(用)으로 한다는 이론이

---

36) 청나라 말기 태평천국(太平天國)을 진압한 중심세력이며 근대화운동인 양무운동(洋務運動)의 주창자이기도 하다.

37) 청나라 말의 정치가. 청말 서태후의 총애를 받으며 청 왕조의 외교와 군사를 좌지우지하였으며 특히 양무운동의 경우는 시작부터 종말까지 시종 그의 관여하에 진행되어 왔었다. 시모노세키조약에 조인했고, 청 · 러 밀약, 베이징조약 등에 관여했다.

다. 다시 말하면 중국의 유교적 가치관을 포함한 전통적 왕중심 정치체제를 근본으로 삼고 이와 더불어 서양의 선진적 과학기술을 습득하고 첨단무기와 중공업 기계를 구매하며 궁극적으로는 이를 제조하여 서구열강과 같이 부국강병 한 왕조를 만들자는 이론이다.

청 정부는 아편전쟁 이후 계속된 서양 세력과의 전쟁을 겪으면서 서양의 근대적 무기의 위력을 실감하였다. 이 문제를 해결하지 않고서는 왕조의 존속이 불가능한 것처럼 보였다.

따라서 양무운동에서 가장 먼저 추진된 것은 근대적 군수 공업의 발전이었다. 이에 1865년 상해에 강남제조총국(江南製造總局), 남경에 금릉기기국(金陵機器局)이, 1867년에는 천진(天津)에 천진기기국(天津機器局) 등이 만들어졌다.

이처럼 1860년대 초부터 서양식 대포와 총 그리고 선박을 제조하는 공장들이 전국적으로 만들어진다. 그리고 방직(紡織)·제사(製絲)·제지(製紙) 등의 민생공업 분야에서 상해기기직포국(上海機器織布局), 무창기기직포국(武昌機器織布局), 호북방적국(湖北紡績局) 등의 기업이 설립되었다.

그러나 이들 공장은 원자재와 전문 기술자를 대부분 외국에서 수입하여 생산성이 떨어졌을 뿐 아니라 기술 수준도 매우 낮아 생산된 무기나 선박은 경쟁력이 매우 떨어진 초라한 물건들이었다.

반면 긍정적으로 볼 수 있는 점은 이들 공장을 가동하기 위하여 필요한 석탄, 철 등의 광산이 개발되어 근대적 광업이 발달하는 계기가 되었던 점이다. 게다가 공장에 부설된 번역관과 교육기관을 통해 서양의 근대적 과학기술 서적이 번역 보급되고, 새로운 기술 인력이 양성되어 중국의 근대화에 고무적인 역할을 하였던 점은 긍정적으로 볼 수 있는 점이다.

1860년대 초에 일기 시작한 양무운동은 외교, 군사 공업 생산방식의 일대 변혁이라 할 수 있다. 그러나 양무파 관료가 총, 대포, 선박, 전함을 서양에서 구입하고 이들을 만들 수 있는 공장을 만들 때 청 조정 내에서는 이런 변화의 움직임에 대해 반대의 주장이 거세게 일었다. 이들이 소위 수구파이다.

양무파와 수구파는 대내외의 모순문제를 해결하기 위한 방법상에 있어서 정치, 경제, 사회, 문화 방면에 걸쳐 의견대립을 보였다. 쟁론의 핵심은 서양으로부터 근대 과학기술을 배우고 배와 대포를 만들어 부강을 꾀할 것이냐 하는 문제이다.

이에 대하여 양무파는 "서양의 과학기술이 중국과는 비교가되지 않을 정도로 발달되어 있다. 따라서 부국강병을 위해서는 서양의 선진적인 생산기술을 마땅히 배워야 한다"고 주장하였다.

양무파의 거두 증국번은 이와 관련하여 다음과 같이 말했다.

"오늘 서양과 화의가 이미 이루어져 중외 무역은 서로 통하게되었다. 따라서 외국의 물건을 구매하는 것은 이제는 정당한 상행위인 것이며 명분이 서는 것이다. 서양의 물건들을 구매한 후에는 사려가 깊은 명사들과 기술이 뛰어난 명장들을 초빙해서 부단히 연습하여 모방하고 시험 건조를 한다면 일이 년이 되지 않아 화륜선은 반드시 중국과 외국의 사람들이 교통하는 수단이 될 것이다. 그리고 이렇게 된다면 염군을 소탕하는 것도 문제가 되지 않으며 황제를 위해 외환을 없애는 데 일조를 할 것이다"[38]

양무파는 중앙의 혁흔이 대표적인 인물이며 지방에는 증국번, 이홍장, 좌종당, 장지동, 심보정 등이 대표적인 인물이다. 이들은 60년대부터 90년대까지 서양의 선진기술을 배워서 중국을 부강하게 해야 한다고 주장하여 왔다.

이 중 증국번의 경우는 안경군계소를 창설하여 서양식 총과 대포를 생산하였으며 1862년부터 3년간의 노력 끝에 중국 최초의 화물선 '황곡'호를 만드는 데 성공하였다.

이홍장의 경우는 1872년 상해에 '윤선초상국'을 만든다. 윤선초상국은 성립 당시에는 3척의 상선을 구매하여 운영하였는데 1877년에는 미국의 기창윤선공사를 합병하여 30여 척의 화물선을 보유한 대형회사로 발전하게 된다.

반면에 수구파들은 서방을 배우는 것은 용이만하(用夷蠻夏)이며 이는 입국의 도를 뒤흔드는 것이라고 주장하였다.

---

38) 인민교육출판사역사실 편저, 『중국근대현대사』, 길림: 인민교육출판사, 1992년, 30쪽.

그들은 "인의(仁義) 와 충신(忠信)은 모두가 배워야 하는 것이나 서양의 기술과 군 기계류는 사람들이 배울 필요가 없는 것이다"라고 주장하였다.

이들 수구파들의 주장은 서양의 학문과 선진적 기술이 들어오고 또 이들을 생산하는 공장을 만드는 과정에서 당시 중국 사회를 움직이는 기본사상인 공맹의 도가 충격을 받아 왕 중심의 봉건적 통치체제가 동요를 받을 것이라는 이론이다. 따라서 양무파에 대해서 서방의 선진기술을 배우려는 행위가 결국 중국을 '이이만하(以夷蠻夏)' 하게 하여 전통질서와 왕 중심의 통치체제를 무너뜨릴 것이라고 맹렬하게 비판하였다.

4. 양무운동의 평가

양무운동은 1861년부터 1894년까지 중국 청(淸)나라에서 진행된 자강(自强) 운동이다. 즉 서양의 발전된 문물을 받아들여 군사적 자강과 경제적 부강을 이루려 했던 근대화 운동이었으며 초기에는 군사력 증강을 위해 군수공업의 육성에 중점을 두고 전개되었지만, 1870년대 이후에는 광공업이나 교육 등 다른 부문까지 근대적 개혁이 확산되었다.

따라서 양무운동은 위기에 몰린 청의 지배 체제를 안정시켰을 뿐 아니라, 중국 사회에 커다란 변화를 가져왔다.

예를 들면 근대적 기업이 만들어지면서 광·공업과 상업의 발달을 가져왔으며 이어서 도시 노동자들의 급속한 성장을 가져왔으며, 농업에서도 양잠, 차 등 경제 작물의 재배가 늘어나게 되었다. 또한 서양의 언어와 기술을 가르치는 근대적 교육 기관이 설립되어 시대가 필요로 하는 인재를 양성하게 되었다. 양무운동으로 인하여 사회의 대변혁이 일어나고 있었다.

그러나 양무운동의 큰 문제는 그것이 전국적 차원에서 조직적이고 치밀하게 운영되지 못했다는 점이다. 양무파는 개인의 이해에 따라 독자적으로 정책을 추진했다.

청 왕조의 존망과도 연결되는 중요한 왕조의 사업이 개인의 신념과 행정력에 의해서 명운이 갈릴 수 있는 상황이었다. 따라서 양무운동을 평가할 때에 운동의 주창자이며 주도자였던 이홍장에 대한 평가가 중요한 것이 이러한 이유에서다.

회군을 거느리고 태평천국 혁명 진압에 결정적인 역할을 하였던 이홍장은 전쟁 결속 후에 청 정부에 중용되어 1894년 청일전쟁 실패에 이르기까지 근 30년 동안 중국의 근대화에 막중한 영향력을 행사하였던 인물이다.

양무운동의 시작과 발전에 깊은 연관이 있는 이홍장은 근대 중국 역사의 발전 과정과도 긴밀한 관계가 있을 뿐 아니라 마지막 왕조인 청 왕조의 존망과도 밀접한 관계가 있다. 따라서 청말 역사를 공부하는 연구자들은 이홍장 연구에 관심과 흥미를 느낄 수밖에 없는 것이다.

이홍장은 청조가 중국의 대문을 개방한 시점부터 멸망한 시기까지 시종일관 중국의 정치와 군사 외교에서 중요한 몫을 담당하였기에 그에 대한 연구는 청 왕조 멸망과 원인을 규명하는 데 중요한 연구과제일 수밖에 없다.

그는 매국노인가? 아니면 시대의 영웅인가? 학계에서 그에 대해 제기되는 문제는 두 가지다.

부정적으로 보는 견해는:

1. 이홍장은 양무운동 시기에 대대적으로 군사공업을 일으켰고 또 북양해군을 창설하여 왕조의 군사력을 선진적으로 개편하는 데 큰 역할을 하였지만 그의 한평생 역사는 이들 군사력을 이용하여 인민들의 거사를 진압하였다는 것이다.

2. 또 중요한 사실은 정작 열강들의 중국 침략 시에는 타협과 평화정책에 의하여 이들과 싸우려는 의지가 전혀 보이지 않았다는 사실이다.

반면에 긍정적으로 보는 견해는 유신운동 시기에 그가 보인 태도를 주목하고 있다. 그는 이기에 주창된 상공업의 진흥, 팔고문 폐지, 정치체제 개혁에 지지의 뜻을 표하였으며 양계초와 강유위에 대해서도 동정적인 태도를 취하였다. 이에 유신운동가들

은 이홍장을 유신의 동지라고 표현하기도 하였다.[39]

그는 그 시대의 충신이었다. 이홍장은 쓰러져 가는 청 왕조를 위하여 한평생을 노력하였던 인물이다. 그러나 결과적으로 그가 30년 동안 가꾸고 일군 양무운동은 피전구화(避戰求和)의 전략적인 실패와 굴욕적인 마관조약의 체결로 빛을 잃어버렸지만 이홍장의 평가는 반드시 실사구시로 이루어져야 한다.

전통적인 봉건 왕조의 시기에 그가 할 수 있는 것은 순리적인 역사발전을 위하여 자신의 역할을 다하는 것이다. 역사 발전도 순서가 있고 단계가 있는 것이다.

과연 그는 역사적인 발전 과정에서 자신의 사욕을 위하여 민중의 삶을 담보로 기회주의적인 정치입장을 견지한 회색분자였는가?

양무운동의 실패와 청일전쟁의 패배로 청 왕조는 멸망의 늪에 빠지고 백성들은 수렁에 빠지고 갈 길을 잃어 정신적 육체적으로 미아의 신세가 되었다. 만일 이홍장을 비롯한 위정자들이 시대의 흐름과 변화에 민감하게 반응하고 대처하였다면 좀 더 발전적인 역사발전이 이루어지지 않았을까?

양무운동이 근대 중국의 역사 발전에 어떠한 역할과 기여를 하였는가의 문제는 중국 근대사 연구에 있어 중요한 문제이다.

---

39) 원서의, 「이홍장여유신운동」, 『역사연구』, 중국: 1984년 5기.

양무운동의 경영과 이어지는 중일 갑오전쟁에서의 청 정부의 대패는 중국역사의 명운을 가르는 중대한 사건이었기에 양무운동의 심도 있는 연구는 현대중국 역사의 시련과 참패를 진정으로 이해할 수 있는 밑거름이 될 것이다.

양무운동에 관하여 중국사학계에서는 일반적으로 청 왕조가 서구열강 세력과 결탁하여 정권의 안정을 도모하였던 것으로 파악하고 있다. 그리고 이 운동을 주창하였던 양무파는 단지 서양 세력의 비호를 받은 세력이며 이들의 주도로 진행된 운동의 결과는 외국 침략세력이 중국을 반식민지화하는 데 일조하였을 뿐 다른 긍정적인 결과는 찾아볼 수 없다는 주장이다.

그러나 양무운동을 통하여 중국 역사상 처음으로 근대적 기업이 만들어졌으며, 그리고 이들 기업에서는 서양의 선진기술을 이용하여 대량으로 근대적 무기들을 만들었으며, 또한 이들 근대적 기업들의 축적된 역량이 쓰러져 가는 중국의 등불이 되었던 것은 역사적 사실인 것이다. "완전히 정치상의 혁명과 반동(反動)으로써 경제상의 전진과 후퇴를 평론할 수는 없는 것이다. 양무운동은 시대의 조류에 부합하는 운동이었다"[40]

양무운동 시기였던 80년대 중기 중국은 역사상 처음으로 북양해군과 남양해군 그리고 복건해군 등 3대 해군의 양성에 성공하

---

40) 하동원, 「양무운동발전론」, 『사회과학전선』, 1980년 3기.

였다. 이들 해군의 주력 군함은 주로 영국과 독일에서 구매한 것이었지만 일부는 복주선정국과 강남제조총국에서 건조한 것으로 충당함으로써 중국 신식해군의 창설이라는 측면에서 본다면 큰 의의가 있다 하겠다.

이 중 북양해군은 그 규모가 세계적이었으니 군함만 25척이며 관병은 4,000여 명이었고 해군제독은 정여창이 임명되었다. 여기에다가 여순과 위해위에 해군 기지가 준공되면서 실제로 북양해군의 위용은 대단한 것이었다.

특히 양무운동의 경제적 측면에서의 역사적 작용에 대해서는 우리가 간과해서 안 되는 사실이 있다.

호승은 그의 저서에서 이에 관하여 양무파가 주관한 군사공업은 자본주의 성격을 띤 기업이었으며 특히 구부(求富)사상을 지닌 민용기업은 자본주의의 성격이 비교적 농후하였으며 자본주의 발전에 추동(推動)과 자극의 작용을 하였다고 비교적 명확한 견해를 제시하고 있다.[41]

결과적으로는 갑오전쟁에서의 대패로 양무운동의 역사적 작용은 반감되었지만 이 기간에 그들의 주도로 서양의 선진기술을 들여오고, 과학자와 기술 인력을 양성하여 중국의 대외 경쟁력을 높이고 낙후한 국가 발전에 지대한 영향을 끼쳤던 것은 역사에서 높이 평가해야 할 것이다.

---

41) 호승, 『종아편전쟁도오사운동』, 중국: 상해인민출판사, 1982년.

제5장
청일전쟁과 청 왕조의 쇄락

1. 청일전쟁의 발생원인

1894년 7월에서 1895년 3월 사이에 조선을 무대로 청일전쟁이 발생한다. 전쟁 전 청일 양국은 조선을 무대로 끊임없이 양국의 이권을 서로 다투다가 급기야는 조선 백성을 절망의 수렁으로 밀어 넣은 청일전쟁을 일으킨다.

양국 간의 전쟁이 일본 제국주의 세력의 승리로 끝나자 이로부터 조선 백성은 도탄에 빠졌으며 조선의 금수강산(錦繡江山) 산하와 주권은 침략자에게 힘없이 넘어간다.

인류의 공리는 다시 한 번 침략자의 무릎 앞에 초라하게 굴복

하게 된다. 처음에 일본은 중국과 마찬가지로 서양 제국주의 세력의 침략을 받아 왔었다.

그러나 일본은 1868년 명치유신을 통하여 정치 개혁을 단행하였고 이를 통하여 매우 빠르게 자본주의 국가로 발전하게 된다. 따라서 당시 일본은 국외의 상품 시장과 원료 공급지를 절실하게 필요로 하게 된다. 이를 위해 일본은 침략성이 강한 제국주의의 길을 가게 된다.

사실 일본은 전쟁 발발 이전에 대외 침략에 대해 매우 강한 의지를 표명하였다. 예를 들면 1874년에는 대만을 침략하였고 1879년에는 오키나와(琉球)를 점령하였으며 1885년부터는 10년 군비확장정책을 수립하여 2년 앞선 1892년에 완성을 이루었다.

당시 청 정부의 북양해군은 2천 톤 이상의 전함이 단지 7척으로서 모두 2만 7천 톤 정도였다. 반면에 일본은 10년 군비확장정책(1885~1892)과 또 1893년 2월부터 국가 재정의 대부분을 육해군 건설에 쏟아부은 결과 전쟁 전 일본은 육군의 경우 6만 3천 명의 정규군과 23만 명의 상비군을 갖추었으며 전함의 경우는 6만 771톤에 이르는 32척의 군함과 24척의 어뢰정, 그리고 상선을 군함으로 개조한 4척의 군함 등의 막강 해군을 가지게 된다.[42]

그리고 1893년에는 전시 대본영을 성립함으로써 1894년 이전에 중국과 조선에 대한 침략 준비를 완성하였다.

---

42) 중국 근대사편사조, 『중국 근대사』, 북경: 중화서국, 1991년, 210쪽.

19세기 말에는 제국주의 국가들이 "세계 영토를 분할하려는 투쟁이 지극히 첨예한 정도에 이르렀었다"[43] 특히 뒤늦게 제국주의의 대열에 참여한 일본은 이 기회를 틈타 중국과 조선에 대한 침략의 마수를 적극적으로 뻗치었다.

조선침략의 의지를 밝힌 일본은 전쟁을 발동하기 위하여 구실을 찾는데 **사람이 시비를 걸려고 마음을 먹고 좋아했던 사람과 헤어지려고 마음을 먹으면 무슨 구실을 찾지 못하겠는가?** 마침 동학혁명이 발생하자 일본은 대사관과 교민 보호를 구실로 군대를 파견하여 인천에서 서울까지의 전략 요충지를 점령하였다.

한편 중국은 일본이 군대를 파견하기에 앞서 1894년 6월 섭지초와 섭사성이 1,500명을 이끌고 서울의 남쪽 아산에 주둔하였다. 이에 양국군은 조선을 무대로 일촉즉발의 대치상태로 들어간다. 이런 와중에 7월 25일 일본은 아산입구의 풍도에서 아산에 있는 청군의 증원을 목적으로 영국 깃발을 달고 파견한 고승호를 격침하였다.

결국 1894년 8월 1일 청 정부는 선전포고를 하였고 일본 역시 같은 날 선전포고를 단행하여 양국은 조선을 무대로 전쟁 상태로 들어간다. 이로부터 일본은 조선에 친일파를 조성하여 친화파(親華派)와 대립의 각을 세우도록 조장한다.

조선 백성들을 되돌릴 수 없는 아픔과 고통 속으로 밀어 넣은

---

43) 『제국주의는 자본주의의 최고단계이다』, 레닌전집 2권, 798쪽.

청일전쟁의 원인을 밝히는 문제는 역사학의 감계학적인 측면에서 보면 매우 중요한 문제이다. 1894년 청일전쟁의 원인에 대해서는 국내외 학계에 매우 많은 견해가 제출되었다.

이 중 왕운생 등 일부 학자들은 조선의 동학혁명이 청일전쟁 발생의 직접적인 원인이라고 주장한다.[44]

청일 양국이 조선을 무대로 이권을 다투다가 조선의 국토를 전쟁터로 만드는 교활한 전쟁에서 전 조선민중은 전란에 아파하였고 그 희생물이 되었다. 누가 감히 전쟁의 원인을 조선의 책임으로 돌릴 수 있단 말인가?

1894년(광서 20년, 즉 갑오년) 조선에서 동학혁명이 발생하자 중일 양국은 천진조약에 따라 난을 평정하기 위하여 모두 출병한다. 그러나 난이 이미 평정되었으므로 중국 측은 양국이 동시 철병할 것을 요구하였으나 일본은 철병 요구를 거절할 뿐만 아니라 오히려 아산에 있는 중국 군대를 공격하였고 아울러 풍도 앞바다에서 중국 병선을 격침시키었다. 이후에 중국 육해군은 아산 부근에서 일군에게 대패를 당하여 평양으로 후퇴하게 되었다.

다시 말하면 농민군은 1894년 4월 28일 전주를 점령하였으나 청일양국이 출병하자 청일 양국에게 구실을 주지 않기 위하여 6월 10일 전주에서 정전 협정을 체결하여 전주를 물러났던 것이다. 따라서 이후에 일어난 청일 양국의 충돌과 전쟁은 동학혁명

---

44) 왕운생, 『60년래 중국과 일본』 2권, 중국: 삼련서점, 1960년.

과 전혀 관계가 없는 것이다.

전쟁 발발 전 청일 양국은 조선에서의 이권을 둘러싸고 끊임없이 쟁론을 벌여 왔다. 이때 일본에서 문제 삼은 내용은 소위 청 정부에서 주장하는 청이 조선의 종주국이며 조선은 청의 종속국이라는 내용이다.

일본은 청의 이러한 주장이 망목 자대한 과대망상 이론이며 조선은 결코 청의 속국이 아니라는 주장을 한다. 그 마음속이 뻔히 들여다보이는 주장이지만 결국에는 이러한 조선독립 문제를 둘러싸고 청일양국은 전쟁 발발 30년 전부터 끊임없이 대립하고 충돌하였다.

1876년 일본은 조선을 무력으로 위협하여 조선과 『강화도조약』을 체결한다. 이 조약에 의하여 영사재판권과 조선 연해안 유역에서의 자유로운 항행(航行)권을 취득하였으며 이후 일본은 수출입 관세를 내지 않고 항해세만 내게 된다. 이러자 일본은 10년이 되지 않아 조선시장을 완전히 독점하게 된다.

일본이 조선에서의 경제적 침탈을 진행하는 과정에서 종주국으로 자처하는 청과의 마찰은 피할 수 없는 현실이었다. 조선을 둘러싼 양국의 각축은 양국이 1882년 체결한 『조청상민 수륙무역장정』을 계기로 본격화된다. 이 조약 체결 후 청국은 대조선 무역에 적극적인 자세로 전환하여 1992년에 이르러서 중국의 대조선 무역은 일본과 대등한 정도로 비약적 발전을 하게 된다.

강화도조약 이후에 조선시장을 독점하였던 일본은 급변하는 조선시장의 변화가 청이 종주국으로 자처하며 조선시장을 교란하는 데에 원인이 있다고 주장한다. 그리고 일본은 경제적 수단만으로는 그들의 목적달성이 불가능하다는 것을 인식하게 된다.

이에 일본은 1885년 청과 천진조약(이후 조선에 중대사건이 발생하여 중일 양국 중 한 나라가 조선에 파병 시는 반드시 상대방 나라에 통지하도록 규정한다)을 체결하여 정치적으로도 청과 대등한 관계에 위치하도록 조치하였다.

결국에는 동학혁명이 발생하자 이를 구실로 청이 조선에 군대를 파견하였고 일본도 역시 군대를 파견하여 조선은 양국의 이권쟁탈에 희생당한 것도 모자라 전쟁의 수렁에 빠지게 된다.

따라서 청일전쟁의 원인을 논할 때 동학혁명을 원인으로 이야기하는 것은 이치에 맞지 않다. 청일 양국이 조선에서 이권을 다투다가 결국에는 한반도를 전쟁터로 만들어 백성들을 도탄에 빠트린 전쟁의 원인을 조선의 동학혁명에서 찾는 것은 역사를 대하는 바른 태도가 아닌 것이다.

2. 전쟁의 과정과 조약체결

청일전쟁은 청일 양국의 선전포고와 청의 전쟁 패배에 이은 조약체결에 이르기까지 평양, 황해, 요동, 위해위, 산해관 싸움

등 모두 5번의 중요한 싸움이 있었다.

일본과 개전 당시에 청 정부에서는 주전파와 주화파의 주장이 팽팽히 맞선 상황에서 전쟁에 대한 아무런 준비도 되어 있지 않았다. 이런 상황에서 일본이 압박하여 오니 청국은 손발만 바쁘게 대일 선전포고를 하게 되고 군대를 평양에 주둔한다. 평양은 본래 조선의 옛 수도로서 조선 백성들은 중국과 친근하여 중국 병사가 오자 차와 술로 대접하고 극진하게 환영을 하였다. 그러나 누가 알았겠는가? 청병은 도착하자마자 약탈과 강간을 일삼고 장정들을 노역시키는 등 행패를 일삼아 조선백성들을 크게 실망시킨다. 결국은 조선이 일본 편을 들어 청에 선전포고를 하게 되는 원인을 제공한다.

8월 평양성이 함락되고 청군이 요동으로 패퇴하자 일본군은 승리를 틈타서 압록강을 건너 대련을 압박한다. 손쉽게 대련을 점령한 일본은 계속해서 전진하여 여순을 공격하였고 이곳에서 4일간 부녀자와 아이들을 포함하여 대학살을 자행한다.

북방의 청군이 참패를 당하자 호남성과 사천성의 부대가 선전하였고 이 중 강와새에서 마옥곤 부대가 한 사람의 사상자도 없이 일군을 대패시킨 것 외에 전반적으로 일군에 참패당하여 형세를 돌이키기에는 힘든 상황이었다.

한편 해군은 이때에 황해에서 전쟁을 치르고 있었다. 청조의 해군 톤수는 비록 일본보다 많았으나 관리 상태 역시 지극히 부

패하였고 또한 속도와 포의 명중률 역시 모두 일본에 미치지 못
하였다. 여기에다가 평소의 훈련 상태는 지극히 열악하여 대포
위에다 바지를 말리는 등 훈련을 게을리하니 막상 전쟁에 임하
여 병사들은 당황할 수밖에 없었고 그 결과 청일 간의 수전은 청
군의 대패로 끝나게 된다.

이때 제독인 정여창은 중상을 입어 여순으로 물러났으나 곧이
어 여순까지 방어에 실패하여 위해위로 물러났으나 일군은 위해
위까지 침공을 단행한다. 그러나 위해위를 지키는 병사들은 대부
분 도망가 이곳 역시 일군에 의해 점령당한다. 이에 정여창은 자
살하고 잔병은 일군에 투항하였고 북양함대는 이로써 완전히 소
멸된다. 북양함대가 일본과 격전을 벌일 때 중국의 남양함대는
역시 와서 힘을 합치지 않았으며 이로 하여 일본해군은 북양함
대를 소멸시킨 후에 팽호섬으로 진군하여 남양함대를 손쉽게 격
파하였다. 이후 바로 팽호섬은 일본에게 점령당한다.

1894년 7월 풍도해전부터 시작해서 1895년 3월 팽호섬이 함락
될 때까지 8개월 동안의 청일전쟁은 청의 대패로 막을 내린다.
1894년 7월 25일 충남아산 풍도에서 시작된 청일전쟁은 불과 3
달여 만인 11월 27일 일본군이 요동성 여순을 점령하기에 이른
다. 나라의 위기가 속눈썹에까지 이른 급박한 시기에 서태후와
군신들은 의화원에서 3일 밤낮으로 서태후 육순 잔치를 벌였다

고 한다.

청조정의 재정은 항시 적자에 시달리는 상황에서 잔치비용을 마련하기 위하여 군량비에서 1백만 냥, 철로경비 중에서 2백만 냥, 각 성에서 169만 냥, 관원봉급에서 121만 냥, 공사비에서 176만 냥을 각출하였다 한다.

이 같은 청 정부의 타락과 부패는 관리들에게 영향을 미치어 이홍장은 전쟁 전에는 내내 '이이제이(以夷制夷)'의 정책을 펼쳤으며 전쟁 후에는 '피전자보(避戰自保)'를 주장하였다. 또 군대는 기율이 없었고 양무운동 시기에 만들어 놓은 군 장비는 불량이 많아 포탄과 총알은 사이즈가 맞지 않아 종종 갈라서 쓰고는 하였다. 이리하여 청일전쟁이 청의 패배로 끝나고 마관조약이 체결되자 청조의 멸망은 돌이킬 수 없는 사실이 되어 갔다.

청일 간에 체결된 "마관조약(馬關條約, 1895년 4월 17일)"은 총 11개 조항이다. 그 주요 내용은:

1. 청 정부는 조선이 자주독립국임을 인정한다.

2. 요동반도와 대만 및 부속도서와 팽호 열도를 할양한다.

3. 군비 백은 2만 냥을 배상한다.

4. 사시·중경·소주·항주 등 네 개 항구를 더 개항해서 일본
   선박이 내륙 하천을 따라서 이들 항구로 들어올 수 있게 한다.

5. 일본이 중국 통상항구에 공장을 건설하는 것을 허락하고 그
   리고 생산된 제품을 중국 내륙으로 수송해서 판매할 때 단
   지 수입품에 준해서 납세한다. 그리고 조약 내에 중국이 조약을
   이행하는 것을 보증하기 위하여 일군은 잠시 위해위를 점령한
   다고 명기하였다.[45]

일본은 명치유신 후 아시아 제국을 점령한 후에 세계를 점령
하겠다는 망상적 계획을 세웠으며 이에 대한 첫걸음으로 조선점
령을 계획한다. 그러나 청 정부는 원세개를 종주국의 대표로 파견하여 조선의 종주국 역할을 자처하니 일본입장에서는 조선침략을 위해서 반드시 조선독립을 이루어야 하는 것은 시급한 일이었다. 이것이 바로 청일전쟁 발발의 중요한 원인 중의 하나인 것이다. 따라서 일본은 전쟁 승리 후에 마관조약 체결 시 이 문제의 해결에 총력을 다

〈그림 7〉 이홍장

45) 중국 근대사편사조, 『중국 근대사』, 북경: 중화서국, 1991년, 225쪽.

하였고 첫 번째 조항에 조선이 독립국임을 명기하였던 것이다.

또 일본은 조약을 통하여 당시 청나라 한 해 재정수입의 3배에 해당되는 막대한 전쟁 배상금을 강탈하여 일본경제와 군사력을 강화하였고 이를 바탕으로 전쟁 결속 10여 년 후에 조선을 무력으로 강점하는 것을 시작으로 중국과 아시아에 대한 침략을 가속화하였다.

마관조약 후에 서구열강들은 이를 본받아 경쟁적으로 이익을 다투었으니 이로써 중국의 산하(山河)와 영토는 과분(瓜分)의 위기에 처한다.

3. 제당과 후당의 논쟁 및 청일전쟁의 역사적 의의

광서황제는 주전을 강력하게 주장하였다.[46]

전쟁 전에 청 조정 내에는 광서황제를 중심으로 한 제당파와 서태후를 중심으로 한 후당파가 형성되어 두 세력 간에 전쟁의 진행 방향을 놓고 날카롭게 대립하였다.

제당파의 경우, 광서가 성장하여 친정한 후에도 여전히 서태후는 정치에 간여하여 국정을 좌지우지하였다. 이에 광서의 스승 옹동화는 일부 관료들과 결탁하여 제당을 성립하였다. 청일전쟁이 발생하자 제당은 이 기회를 이용하여 주전을 주장함으로써

---

46) 『옹문공공일기』, 중국 근대사자료총간, 『중일전쟁』 4책, 480쪽.

국력도 강화하고 권력도 되찾을 계획을 세운다.

서태후를 중심으로 한 후당파는 1888년 창설한 북양해군을 믿었고 또 일본의 군사력에 대해 과소평가하여 전쟁보다는 평화를 추구하는 쪽으로 전력을 다하였다. 따라서 북양해군 창설 이후에 전력 증강을 위하여 전함을 증설하지 않았으며 심지어 1891년 후에는 총과 대포조차도 구매하지 않았다고 한다.

이같이 제당과 후당 양당은 전쟁을 보는 시각의 차가 너무나 현격하였기 때문에 효율적으로 대일전쟁에 임하는 것은 불가능하였으며 결국에는 청의 완패로 전쟁이 막을 내리게 된다.

양당의 주장에 대해 범문란은 하나의 궁정 내부의 권력투쟁으로 본다. 즉 "제당은 전쟁수행 중에 후당을 약화시키기 위해 주전을 주장하였고 후당은 자신들의 실력을 보존하기 위하여 평화를 주장한 것으로써 양당은 평화와 전쟁을 이용하여 권력 쟁탈전을 벌인 것이다"[47]라고 주장한다.

이와는 반대로 양광미는 "두 종류의 대립되는 정치세력의 투쟁"[48]이라고 보고 있다.

방용위는 "애국과 매국 저항과 투항의 다툼이다"[49]라고 보며 장개완은 "양당의 다툼을 단지 옳고 그른 것을 말하기 힘든 개가 개를 무는 투쟁으로만 볼 수 없다"고 한다.

---

47) 범문란, 『중국 근대사』 상책, 북경: 인민출판사, 1962년, 263쪽.
48) 양광미, 「광서와 서태후간의 모순의 성질 분석」, 『역사교학』, 1980년 제12기.
49) 방용위, 「장건일기로부터 중일전쟁시의 제후 당쟁을 본다」, 『강해학간』, 1962년 9기.

하동은 양당의 출발점은 모두 같은 것이다. 이홍장은 순수한 주화파로 볼 수 없으며 옹동화 역시도 시종 주전을 주장한 것은 아니다. 그들은 문제를 보는 각도가 다른 것이다. 그들은 통치 집단의 이익을 최우선에 두었기 때문에 이런 기초하에서 주전과 주화를 서로 주장하였던 것이라[50]고 보고 있다.

중국의 육해군은 모두 전패당하였다. 중국을 구하겠다는 일념으로 30년 동안 공들인 양무운동은 더 이상 지속할 의미를 잃어버린다.

무슨 할 말이 있겠는가? 청 정부는 이홍장을 일본으로 파견하여 마관조약(馬關條約, 1895년)을 체결한다. 이홍장의 주도하에 청일양국이 체결한 조약의 최대 관심사는 조선 독립 문제였다. 이 문제에 관해 이홍장은 진심으로 마음이 아프다면서 조선이 중국의 속국이 아닌 자주 독립국임을 승인한다. 조선의 입장에서는 왕조의 주권은 지켜냈으나 이후부터 조선반도는 청 왕조보다 더 사납고 계획적인 일본의 세력범위로 들어간다.

조선에 관한 종주권과 그리고 요동반도와 대만의 전 섬을 일본에게 할양함으로써 중국의 주권과 자존심은 크게 상처받았으며 이로 인하여 서구열강은 이 기회를 틈타 호시탐탐 중국 침략에 대한 야욕을 드러내기 시작하였다.

---

50) 하동, 「중일 갑오전쟁 중의 이홍장과 옹동화」, 『북방논총』, 1984년 제1기.

본래부터 요동반도를 할양할 생각이었던 러시아는 요동반도
를 일본에게 빼앗길 위기에 처하자 즉각 독일, 프랑스와 연합하
고 일본을 무력으로 압박하여 요동반도를 중국에게 돌려주도록
하였다. 이러자 일본은 뾰족한 방법을 찾지 못하고 단지 중국으
로부터 3천만 은량만을 받고 요동반도를 돌려주게 된다. 그러나
이후에 이홍장은 사신의 신분으로 러시아에 가서 1898년 3월 17
일 러시아와 비밀조약을 체결하여 동삼성 도로건설과 광산개척
권 등 많은 이권을 러시아에 건네준다.

독일은 1897년 독일 선교사가 살해된 것을 빌미로 군함을 교
주만으로 파견하여 강제로 청도를 조차하였고 아울러 산동성 전
체의 철로 부설권을 획득하였다. 이로써 중국은 열강이 수박을
잘라서 하나씩 가져가는 형세가 되었다.

러시아는 여순과 대련을 가져갔고 영국인들은 위해위를 조차
하였으며 프랑스인들은 광주만을 조차하였다. 청일전쟁 이전에
도 1879년 일본은 유구를 탈취하였고 1882년 러시아는 이리지역
서쪽을 탈취하였으며 1885년 프랑스는 안남(安南)을 합병하였고
1886년 영국은 미얀마 등을 1887년 포르투갈은 마카오를 할거하
였다.

이로부터 중국의 사면은 모두 열강에게 약탈당하였고 중국은
이때부터 진정한 반식민지(半植民地) 국가로 전락하게 된다. 그
러나 일본은 이로부터 열강의 행렬에 끼어들어 1945년 패망 때

까지 평화와 자유를 사랑하는 전 세계 민중들의 공적이 되었다.

아편전쟁(1840)에서 청일전쟁 결과 맺어진 마관조약(1895년) 그리고 신해혁명(1911)에 이르기까지 모두 71년은 굴욕의 시기이며 위기의 시기였다.

먼저 영국 제국주의는 대포로 중국을 위협하여 중국의 대문을 열었으며 후에는 이를 본받은 제국주의 세력들이 연합하여 침략을 하였다. 이들 제국주의 세력들은 끊임없이 중국 민중의 삶을 힘들게 하였으며 또한 지속적으로 중국인이 행복하게 살 수 있는 권리를 앗아가는 식민마귀의 역할을 하였다.

이 71년 동안에 서양의 제국주의 세력들은 중국 내에서 각종 이권을 가져갔으며 더불어 이들의 상품을 중국으로 쏟아부어 수출하였고 또 원료를 취득하였다. 이로부터 중국은 반식민지 상태로 들어가게 된다.

이에 중국 민중은 아편전쟁 후에 부패하고 타락한 청 정부를 대신한 태평천국 혁명에 성공하였으나 양무운동의 실패와 청일전쟁의 완패로 제국주의 열강은 앞다퉈 중국으로 몰려들었고 중국의 자연경제는 철저하게 파괴되는 결과를 낳게 된다.

그러나 다행스러운 것은 이러한 국가적 대변혁 시기에 새로운 민족기업들이 속속 탄생하게 된 사실이다. 사회 변혁에 대한 민족적 요구와 그리고 청 정부가 고갈된 국가재정을 마련하기 위하여 민간에게 공장과 기업을 만드는 것을 권장하게 됨에 따라이 시기에는 기업을 만드는 붐이 일어나게 된다. 역사적인 민족 공업의 발전 시기가 도래하게 되었다.

제6장

유신운동

1. 유신운동의 배경

1840년 아편전쟁에 의하여 중국은 영국에 힘없이 패하였고 이어진 2차 아편전쟁에서도 또 영국에 완패를 당하였다.

아편 전쟁에서 제2차 아편전쟁에 이르기까지 계속하여 영국에 수모를 당하였던 청 왕조는 국내적으로도 태평천국에 큰 곤욕을 치르게 된다.

이로부터 천하의 왕조로 자처하였던 청 왕조는 자존심에 큰 상처를 받고 각성하여 30년 동안 서양의 총기류와 군함을 도입하고 이들을 만들 수 있는 공장을 설립하는 등 정성을 쏟아부었으나 이 같은 개혁조치는 근본적인 정치 체제의 개혁이 없이 실행되었으므로 별다른 효과를 내지 못하였다.

작은 섬나라이고 군사력도 보잘것없다고 무시하였던 일본 앞에 무릎 꿇는 그 순간 중국인들은 놀라움을 금치 못하였고 청 왕조의 체면은 크게 손상되었다.

결국 한판의 청일전쟁 싸움에서 양무는 완전히 파산하게 된다. 당시 신관료와 신지식인들은 정치체제를 개진하지 않고서 '양무운동(洋務運動)'이니 '부국강병(富國强兵)'이니 하는 것들은 모두 청 왕조 통치의 수명을 연장할 수 없다는 것을 깨닫게 된다.

또한 이 문제의 해결이 없이는 인민의 반청 정서를 완화할 수 없고 중국의 멸망을 구할 수 없다고 판단하게 된다. 이에 강유위와 양계초 등이 주도하는 유신운동이 산생한다.

1) 강유위와 공거상서(公車上書)

1895년 4월 17일 일본이 청일전쟁에 대한 승리의 대가로 굴욕적인 마관조약 체결소식이 알려지자 전국 백성들은 분노하였다.

이때 북경에서는 강유위를 비롯한 많은 거인[51]들이 과거시험에 참여하였는데 이들 역시 양계초의 주도하에 조약 체결을 반

---

51) 거인(擧人): 각 성에서 실시한 과거시험인 향시에서 합격한 자들을 거인이라 하며 이들은 북경에 가서 회시에 참가할 자격이 주어진다.

대하는 상서문을 광서에게 올렸다. 그러나 당시 청조의 규정에 의하면 정3품 이상만 황제에게 주를 올릴 수 있으므로 이들의 주는 황제에게 전달이 되지 않았다(第1차 공거상서).

이어서 5월 1일에 강유위는 또다시 18개 성의 거인들과 집회하여 상서문에 서명하고 달지교 송균암(達智橋 松筠庵)에서 상서문을 선독하였다(제2차 공거상서). 그리고 다음 날 5월 2일 강유위 등은 이 상서문을 도찰원에 올렸다. 그러나 이번에도 이미 체결된 조약을 되돌릴 수는 없다는 이유와 규정에 의해서 거절되었다.

유신운동의 주창자 **강유위**에 대해 살펴보겠다.

강유위는 봉건관료지주 가정에서 태어났고 소년 시절에는 엄격한 유교 전통 교육을 받았다. 19세 때부터 광주에 와서 저명한 이학가인 주차기(朱次琦) 문하에서 3년을 학습했는데 이것은 그가 건륭 가정 시기 이래 유행하는 한학에 대해서 회의적인 생각을 들게 하는 계기가 되었다.

그리고 더 중요한 것은 강유위는 국가가 쇠약하고 백성이 궁핍하며 민족의 존망이 위기에 처한 사회 현실 속에서도 청 정부의 부패와 타락에 대해 점차적으로 불만을 갖게 되었던 사실이었다.

그는 이에 따라서 봉건 전통문화에 대해서 날로 실망하게 되었으며 이후부터 더욱더 절실하게 개혁의 소망을 갖게 되었다고 한다.

1879년부터 강유위는 홍콩, 상해 등지를 유람하고 고찰하면서 서방 자본주의의 사물들을 접하게 되었고 점차적으로 서양의 정치 제도와 자연과학 지식에 관한 서책들을 읽게 되면서 서양 자본주의 제도가 중국의 오래된 봉건제도보다 우월하다는 사실을 느끼게 되었다.

그는 위원(魏源)의 "서양의 장점과 기술을 배워 서양을 제압한다(師夷長技以制夷)"는 애국사상을 계승하고 발전시켜 '서학(西學)'에 유념해서 서양 자본주의를 배워 침략에 대항해서 중국이 하나의 자주적인 자본주의 강국이 되어야 한다고 주장했다.

중불전쟁 후에 강유위는 제국주의의 침략과 청 정부의 무능에 대해 분개를 하는 한편, 또 다른 한편으로는 각지에서 일어나는 군중 투쟁이 청 정부의 통치에 위급을 미칠까 걱정하였다.

이러한 외우내환에 직면해서 그는 변법의 필요성을 강렬히 느꼈다. 1888년 그는 북경에서 순천 향시를 참가하는 기회를 이용해서 제1차로 5천여 자의 상서문을 작성하였다. 그는 이 상서문에서 "만약에 계속 옛것만을 고수하고 다람쥐 쳇바퀴 돌듯 한다면 주변의 강대국이 사방에서 침략하고 간사한 난민은 국내에서 난을 일으키니 일단 변이 있게 되면 어찌 지탱할 수 있겠습니까?"라고 하면서 변법의 필요성과 긴박성에 대해서 진술하고 있으며 또한 황제에게 조속히 변법하고 백성의 사정을 통찰하고 좌우를 조심함으로써 국가의 위망을 구제할 것을 요구하였다.

이 일차 상서에서는 비록 변법의 구체적인 내용에 대해서 언급하지 않았지만 그가 변법의 전도에 대해서 자신감에 차 있는 것을 알 수 있다. 그는 만약 중국이 변법 유신을 한다면 10년 내에 부강할 수 있고 30년이 되면 그간의 모욕을 설욕해서 부흥할 수 있을 것이라고 강조했다.

그러나 수구파의 방해 때문에 이 상서문은 황제 손에 이르지 못했으며 그 상서문은 유신사상을 갖고 있는 유신파들의 수중에서 돌고 돌아 일정한 사회적인 영향을 미치었다. 이에 따라 강유위는 어느 정도 명성도 얻었다.

1891년 그는 광주로 돌아와서 '만본초당(萬本草堂)'을 설립했다. 학생을 모집해서 강학을 했고 그의 주장을 선전했다. 진천추, 양계초, 맥맹화, 서근(陳千秋 梁啓超 麥孟華 徐勤) 등은 바로 이때 강유위를 스승으로 삼았고 또 이때의 적지 않은 사람들이 후에 변법 유신운동의 기둥이 되었다.[52]

2) 공거상서의 내용

강유위와 양계초는 변법을 제창하는데 이들은 먼저 변법에 대한 선전 활동을 펼치고 이어서 신문과 학교를 만들고 더불어 강학회(强學會)를 창립하여 전국적인 정치운동을 주도하였다.

---

52) 중국 근대사편사조, 『중국 근대사』, 북경: 신화서점, 249쪽.

마관조약에 서명할 때에 강유위는 북경의 1천3백여 명의 거인(擧人)과 연합하여 황제에게 상서문을 올렸으며 이 상서문에서 그들은 조약에 서명하는 것을 거절할 것과 변법구국(變法救國)의 주장을 제창하였다. 그러나 이 상소문에 대한 답변은 얻지 못하였다. 이들 유신파들은 중국에서도 일본의 명치천황과 같은 인물을 찾아내어 위로부터 아래로의 변법을 실행하기를 소망하였다.

1895년 5월 2일 강유위 등은 제2차 상서문을 도찰원에 올렸다. 아래에 제2차 상서문의 내용 중에서 강유위가 주장하는 부강한 나라가 되는 방법 등을 요약해서 소개한다.

〈그림 8〉 강유위(1858~1927)

〈그림 9〉 양계초(1873~1929)

"거인 강조[53] 등은 국가의 안위와 백년대계를 위하여 상과 벌을 분명히 하시고 수도를 옮기어 병사를 훈련시키며 새로운 법을 만드시고 오랑캐들을 물리치시어 강토를 지키시고 국가의 명운을 연장하시기를 간곡히 글로써 올리니 살펴 주시기를 바랍니다.

저는 우리 정부가 일본과 평화조약을 체결하여 일본에 봉천 지역의 연해안과 대만을 할양하고 더불어 4억 냥의 배상금을 지불하며 소주와 항주 등에서의 통상을 허용한다는 소식을 들었습니다. 또 세금이 면제되어 들어온 서양의 기계와 물건이 내지에서 유행하고 있다는 소식도 들었습니다…….

무릇 전쟁을 주장하는 사람들은 민심을 단결시키며 대국을 준비하므로 살아남을 수 있습니다. 반면에 평화를 주장하는 사람들은 민심을 흩어 버리고 오랑캐의 마음을 고무시키니 멸망을 재촉하게 되는 것입니다. 따라서 황제께서는 어떤 것이 이롭고 어떤 것이 해로우며 어떤 것이 득이 되고 어떤 것이 손해가 되는지를 결단하여 변법을 하셔야 합니다. 황제께서는 천하의 기운을 북돋아 주시고 또 수도를 천도하시어 천하의 근본을 정하시며 병사를 훈련하여 천하의 세를 강하게 하시고 변법을 하시어 천하를 잘 다스리시길 엎드려 비옵니다……. 변법은 나라가 부자가 되는 방법인데 부국의 방법에는 6가지가 있습니다.

첫째는, 화폐 발행이고
둘째는, 철로 건설이며
셋째는, 기계와 선박의 제조이며
넷째는, 광산 개발이고
다섯째는, 은행이며
여섯째는, 우체국의 설립입니다.

---

53) 강유위(1858~1927)의 이름이며 자는 광하이고 호는 장소이며 변법 실패 후에는 이름을 바꾸어 활동하였다. 고향은 광동성 남해현이다.

현재 나라는 갑자기 가난해져서 큰돈을 모아야 하는데, 그런데 이 거국적인 재물을 모으는 방법 중에 화폐 발행만 한 방법이 없습니다.

그리고 멀고 먼 만 리 길을 지척으로 만들고, 한 달이나 열흘을 주야로 만들고, 병사를 운송하고, 백관을 소집하고, 기계를 운반하고, 기황을 구휼하고, 서민들이 통학하고, 물건을 운반하고 짊어지고 다니면서 삶을 영위하고, 언어와 풍속을 하나로 하는 등 헤아릴 수 없는 이점이 있으며 또한 돈을 들이지 않고도 수천만이 이득을 보는 데는 철로만 한 것이 없습니다.

우리나라의 공문서를 전송하기 위하여 역마는 천하의 곳곳에 설치되어 있으며 관련 종사자도 수만 명이며 한 해에 지불되는 비용 역시 3백만 냥에 해당됩니다. 그리고 민간 서찰은 물어볼 필요도 없는 것입니다. 이로 하여 낭비되는 돈은 매우 많으며 멀리 배달된 편지가 회신이 있기까지는 참으로 험난한 것입니다.

소식은 쉽게 공중으로 날아가거나 물속에 가라앉으니 그 불편함은 심합니다. 그런데 만약 우체국을 설치하여 관원이 이를 관리하고 철로를 이용하여 운송을 한다면 소식은 창통하고 견문은 넓어질 것이며 또한 좋은 것은 앉아서도 천여만 원의 돈을 벌어들일 수 있으며 기존에 설치한 삼백만 개의 역참을 없앨 수 있습니다.

이는 위로는 나라를 이롭게 하며 아래로는 백성을 편하게 할 것입니다. 이 6가지를 시행하면 나라는 가난 문제로 근심하지 않을 것입니다.

그리고 중국의 인구는 이미 도광황제 때 4억을 돌파하였고 수십 년이 지난 지금은 인구가 더 많이 늘어나고 있습니다.

그런데 정부는 공상업을 발달시키지 않아 백성들의 생계는 더욱더 힘들어졌으며 그들은 다른 나라에 노예로 팔려 가거나 산속이나 물가로 가서 거지와 같이 살고 있습니다. 현재 국가에는 비록 외환은 없지만 내적으로는 견딜 수 없는 지경에 처하였습니다. 무릇 국가는 백성을 근본으로 삼아야 하는데 이를 생각지 아니하면 이는 스스로 그 근본을 폐하는 것입니다."54)

이 공거상서는 초기 유신파의 정치 강령으로 볼 수 있으며 이 상서문의 작성을 기점으로 유신운동이 시작된다. 강유위 등은 이 공거상서를 통하여 부국(富國)과 부민(富民)과 교민(教民)정책을 강력하게 주장하였다.

공거상서는 무엇보다도 선비는 정치에 간여하지 않는다는 금기를 깼다는 데 의의가 있으며 또한 강유위 등을 비롯한 선진적인 사상가들이 정치 무대에 등장하여 중국 정치 사상계의 큰 변화를 이끌었다는 데도 큰 의의가 있다.

2. 백일유신

강유위는 7번 연속하여 상서문을 올려 마침내 젊은 광서황제를 접견할 수 있는 기회를 얻어내었다. 광서를 접견한 강유위는 광서에게 수많은 이치를 이야기해 주었고 이를 들은 광서는 만족하고 기뻐하여 즉각 전국에 조서를 내려 변법을 실행하였다.

이후 변법사상은 널리 전파되어 유신의 바람이 전국을 휩쓸게 된다. 이렇게 되자 기존의 유교 사상을 기반으로 한 왕중심 봉건 사회는 큰 타격을 받았으며 이들을 대표하는 보수 수구파들은 유신파들에 대하여 벌을 받아야 마땅한 유교의 이단아라고 매도하였다.

---

54) 장세제 · 오진체, 『중국 근대사참고자료』, 사천: 신화서점, 236~250쪽.

이에 광서는 조정 내의 수구적인 인사들의 반대로 일을 그르칠까 봐 내심 두려워하였다. 그러자 유신파의 거두 강유위는 광서에게 수구적인 사람들에게는 이름만 걸어 놓고 일을 하지 못하게 하고 신사상을 가진 관리로 하여금 실제적인 권한을 주면 된다고 묘책을 내놓고 건의하였다.

이에 광서는 강유위 등의 건의를 받아들여 양계초·담사동·양심수·임욱과 같은 많은 유신사상을 가진 신당 사람들을 등용하였다.

유신파와 수구파들의 쟁론의 초점은 크게 보면 세 가지로 요약할 수 있다.

1. 변법을 해야 하느냐?
2. 군주입헌제를 실시해야 하느냐?
3. 서학을 제창해야 하냐?

이에 대해 유신파의 이론은 변한다는 것은 하늘의 이치이다. 즉 새로운 것은 건장하고 신선하며 살아 움직이고 소통할 수 있는 것이다. 따라서 법이 오랫동안 변하지 않으면 반드시 폐단이 발생하니 변법을 반드시 해야 한다고 주장한다.

광서는 이들 유신파와 결탁하여 **제당**을 형성하였고 서태후는 수구파와 양무파 관리들과 결탁하여 **후당**을 형성하였다.

유신파가 주장하는 이론들은 급변하는 국제 정세를 따라가지 못하는 중국을 구하기 위하여 반드시 실현해야 되는 것이었다. 그러나 이들의 주장에는 다분히 정치적인 목적이 깔려 있었다.

광서는 4살 때 서태후에 의하여 황제의 자리에 올라, 줄곧 권력은 서태후의 손에 있었고 성장 후에도 이러한 상황은 개선되지 않았다. 따라서 광서를 옹호하는 제당은 서태후의 권력 장악에 불만을 품고 있던 차에 이번 기회를 틈타 정치적 쇄신과 동시에 권력을 되찾을 목적이 있었던 것이다.

유신을 반대하는 양무파 등 역시 서태후를 지지하여 자신의 권력을 공고히 하려는 목적이 반대의 목소리 저변에 깔려 있음은 분명한 사실이었다. 그러면 당시는 서태후를 중심으로 하는 후당이 권력을 잡고 있던 시기인데 어떻게 변법의 시행이 가능한 것이었을까?

그 사연을 살펴보면 제당과 후당의 모순이 심화되는 가운데 공친왕 奕訢이 죽자 광서는 이 기회를 이용하여 서태후에게 개혁을 할 수 있게 해달라고 요청하였다. 이 요청을 받은 서태후는 후당이 줄곧 외교에 있어 실패를 거듭하여 왔으므로 잠시 허락할 수밖에 없었다. 그녀는 내심 일단은 개혁을 허락하고 후에 상황을 보아 취소시킬 생각이었다고 한다.

이에 광서는 드디어 1898년 6월 11일 ‘명정국시(明定國是)’의

조서를 반포하고 소망했던 변법을 시행할 것을 명령한다.

광서가 1898년 6월 11일 '명정국시(明定國是)'의 조서를 반포한 날로부터 무술정변으로 변법을 취소한 9월 21일까지 도합 103일이므로 역사에서는 이 사건을 **백일유신**이라고 이름하였다.

이 기간에 광서제는 몇십 건의 변법(變法)명령을 내렸다. 예를 들면 과거제를 폐지하고, 은행을 만들고, 공업을 발전시키며, 철로를 깔고, 광산을 개발하며, 군비를 충실히 하며, 민의를 받아들이며, 각종의 전문 인재를 등용하며, 노약한 병사들을 퇴역시키는 등의 명령을 내렸다. 이 명령 발표 후 일시적이나마 국내외의 강한 반향을 가져왔다.

광서가 강유위 등의 건의를 받아들여 백일유신 기간에 개혁의 명령을 내렸다. 6월 11일에서 7월 하순까지 반포한 경제, 군사, 교육개혁의 주요 내용은 다음과 같다.

경제방면의 경우는,

농업, 공업, 상업을 보호하고, 더불어 농, 공, 상국을 설립하며, 절실하게 황무지를 개발한다. 그리고 실질적인 사업을 시작하는 것을 제창하며, 창조와 발명을 장려한다.
철로와 광산총국을 설립하여 철로를 수축하며 광산을 개발한다.
전국에 우체국을 설립하는 동시에 역참(驛站)을 폐쇄한다.
재정을 개혁하고 국가 예산을 편제한다.

교육방면의 경우는,

과거제도를 개혁하고 8고 제도를 폐지하며 책론(策論)을 쓰게 한다.
학교를 설립하고 경사대학당(京師大學堂)을 설립한다.
역서국(譯書局)을 설립하여 외국의 신서적을 번역한다.
신문사와 학회를 만드는 것을 자유롭게 한다.
외국에 유학생과 시찰단을 파견한다.

군사방면의 경우는,

육군과 해군을 훈련시키며 또한 구식군대를 감군하여 신식훈련
을 시킨다.

6월 11일에서 7월 하순까지 이 같은 혁신적인 개혁조치가 취
해진 후에 7월 하순에서 9월 하순까지 신정의 범위는 경제 군사
교육방면을 뛰어넘어 정치 쪽 개혁까지 시도된다.

주요 개혁 내용은 다음과 같다.

칙례(則禮)를 수정하고, 사치하고 행실이 바르지 않은 관원은 파
직시키며, 하는 일 없고 중복된 기구는 통폐합한다.
기인(旗人)들이 스스로 생계를 도모하는 것을 허락한다.
백성들이 조정에 상서를 올리는 것을 허락한다.[55]

---

55) 중국 근대사편사조, 『중국 근대사』, 북경: 신화서점. 276쪽.

이 같은 급작스러운 신정의 발표와 시행에 대하여 청 정부의 주요 관리들은 심히 당황하고 충격을 받았다. 당시 조정 안에 있던 많은 완고한 관료들은 자신들의 지위가 신당에 의해 정리될 것을 두려워하였고 특히 만족대신들은 신당을 극도로 미워하였다.

이에 광서제 중심의 제당(帝黨)과 서태후 중심의 후당(后黨)은 격렬히 대립양상을 보이기 시작한다. 그러나 당시 실제적으로 군사대권은 모두 구당 수중에 있었다. 따라서 광서제의 변법 관련 명령은 실무자 손에서 조금도 실행되지 않았다.

〈그림 10〉 서태후(1835~1908)와 후비들

변법의 내용 중에서 가장 혁신적인 내용은 과거제도의 개혁이었다. 그 내용은 과거시험을 보는 데 형식에 지나치게 치중하는 **팔고문을 폐지하고, 정치와 경제에 관한 책론을 쓰도록 하였다.** 변법 주장자들은 국가와 백성들의 삶에 도움이 되지 않는 쓸데없는 허문을 공부하기 위해 평생을 공부하지 말고 실학을 공부하도록 해야 한다고 하였다.

팔고문 폐지가 발표되자 과거를 통하여 명예를 높이고 돈을 벌려고 하였던 수백만 명의 어린 학생들과 수십만 명의 지방에 있는 학생들인 수재와 수만 명의 각 성에서 급제한 거인과 수천 명의 북경에서 급제한 공사와 진사 그리고 중앙에서 요직을 차지하고 있었던 중앙관리들은 그들의 꿈과 희망을 잃어버렸다.

그들은 나라와 민족을 생각하기보다는 그들의 공명과 부귀를 고려하였다. 신정을 반대하는 자들은 모두 서태후의 편을 들고 벌떼처럼 광서를 공격하였다. 기회만을 노리고 있었던 서태후는 이 기회를 틈타서 광서 폐위에 대한 결심을 굳히게 된다.

3. 무술정변

1898년 9월 초에 이르러 형세는 긴장되었다. 9월 4일 광서는 예부상서 회탑포(懷塔布) 등 6인을 파면시키고 예부주사왕조(禮部主事王照)에게 정3품의 벼슬을 주었다. 그리고 9월 7일 양무파의 거두이며 변법을 방해하는 이홍장의 총리아문 직책을 박탈하였다.

이 사건은 조정 관료에게 큰 충격을 준 사건이었다. 서태후 역시 사태의 심각성을 인식하고 천진에 있는 영록에게 사람을 보내어 대비책을 준비하였다. 이렇게 되자 북경정세는 두 세력 간에 긴장감이 돌았고 먼저 결단을 내린 사람은 광서였다.

광서는 정변이 있을 것이라는 예감을 하고 15일에 양예에게 비밀리에 밀조를 주었다. 그 내용은 다음과 같다.

> "태후가 변법을 반대하고 쓸데없는 대신을 파면한 것을 반대한다. 태후가 변법을 취소하면 짐의 권력의 정도로 볼 때 황권도 보존키 어렵다. 이러한 상황이니 너는 임욱, 담사동, 유광제 등과 의논하여 일을 잘 처리하기를 바란다."

이어서 이들은 고민 후 강유위와 의논하여 원세개를 이용하여 榮祿(후당)의 병권을 빼앗고 서태후를 제거할 생각을 하였다.

9월 18일 밤에 담사동은 단신으로 원세개에게 찾아가서 광서의 밀조를 보여 주고 열병식이 거행될 때 영록을 죽이고 의화원을 포위할 것을 부탁하였다. 이 말을 들은 원세개는 황제가 명령하시니 목숨을 걸고 죽이겠다고 대답하였다. 그리고는 20일 영록을 찾아가 그대로 밀고하였다. 이것이 원세개를 이야기할 때 그 이름 앞에 간신이나 매국노 혹은 배신자, 두 마음을 가진 사람의 별칭이 붙어 다니는 이유이다.

원세개의 일생을 보면 그의 삶 자체가 아주 기괴하다. 종주국의 대표로 조선에 있을 때는 오만함과 방자함이 하늘을 찔러 결국 조선이 일본 편을 들어 중국에 선전포고를 하게 하였고 유신 때는 전날에 약속한 것을 다음 날에 밀고하는 교활함을 과시하였으며 신해혁명이 성공하자 당장 청을 배신하고 손중산과 타협을 하여 민주공화국을 하겠다는 약속을 하고 총통 자리에 올랐고 그리고는 몇 년이 되지 않아 이것마저도 신의를 저버리고 황제의 자리에 오르려다 사망하였다. 참 이상한 사람이다.

유신 때도 원세개는 본래 신당에 참가할 생각이었으나 자신의 이익을 위해서는 서태후 쪽이 좋다고 생각하고 변심하여 신당의 계획을 영록에게 알렸고 영록은 이 사실을 서태후에게 전달하게 된다.

21일 새벽 서태후는 광서를 연금하고 강유위 등의 체포명령을 내린다. 이 사건이 바로 무술정변이다.

서태후의 결단이 있기 전에 강유위와 양계초는 이미 재빨리 이 소식을 듣고 도망친다. 강유위는 정변 전날에 이미 상해로 가서 영국의 보호 아래 홍콩으로 도망갔고 양계초는 일본인의 도움으로 일본으로 도망갔다. 반면에 성격이 우직한 담사동 등은 도망할 기회가 있었지만 광서황제를 도우려는 일념으로 노력한다. 결국 완고하고 음험한 서태후는 바로 광서제를 의화원에 연금시키고 담사동, 양심수, 양예, 임욱, 유광제, 강광인 등 6명을 잡아 죽인다. 역사가들은 이들을 무술 6군자라고 칭한다.

결국 조정 안에서는 유신과 관계된 사람들은 면직될 사람은 면직되고 감옥으로 보낼 사람은 감옥으로 보낸다. 이로써 일체의 新政은 취소되었고 과거의 제도로 돌아가게 된다.

강유위와 양계초의 유신운동은 실패로 돌아갔으나 이 유신운동은 일종의 정치개혁 운동이었다. 유신운동은 부국강병의 염원을 담은 애국운동이었으며 보다 중요한 사실은 중국을 구하고 민중을 살리기 위해서는 단지 혁명적인 방법으로 봉건통치를 무너뜨리고 민주공화국을 건설하는 것이 진정한 출로라는 사실을 인식하게 하였다.

그러나 유신파의 지도자들은 이론적으로는 비교적 합리적이었지만 실제 정치 행동 면에서는 신의가 부족하고 경험이 부족하여 변법을 시행하는 과정에서 미숙한 점을 많이 보였던 것이 사실이다.

예를 들면 양계초의 경우 그의 수많은 작품을 통하여 사랑을 얘기하고, 개혁을 얘기하고, 노비 폐지를 주장하고, 일부일처제를 주장하는 등 선진적인 민주 사상과 개인의 인권 등을 이야기하였지만 실제 그의 생활은 평소 그의 주장과는 정반대로 여러 명의 부인을 두었으며, 또한 집안에는 수십 명의 노예가 그를 위해 노역하였다. 말과 행동이 다른 그들의 언행 불일치는 새로운 변혁을 성공시키는 데 장애물로 등장한 것은 당연지사인 것이다.

중국 민중은 이러한 교훈을 얻은 후에 신해혁명의 흥기를 맞이했던 것이다. 그리고 이와 동시에 유신운동 이후 선진적인 서양의 과학기술과 사상이 소개된 대량의 서양서책이 번역되었고, 과거제가 폐지되고 학교가 설립되었으며, 여권이 제창되니 담사동 등 6군자의 피는 헛되게 흘린 것이 아닌 것이다.

제7장
의화단 운동

1. 의화단의 유래 및 특성

1) 의화단의 유래

중일 갑오전쟁 이후 제국주의 세력들은 더욱더 중국 내로 자본을 투자하고, 철로를 깔고, 광산을 개척하며, 은행을 개설하고, 차관을 제공하여 봉건 경제체제는 와해되었다.

이에 따라 중국 농민과 수공업자들의 생활은 더욱더 비참해졌다. 중국 농민들과 민중들이 이러한 경제적 이중고를 견디지 못하는 상황에서 열강의 중국침략이 계속되는 데에 따른 저항운동의 일환으로 드디어 의화단에 의한 반봉건 반제국주의 운동이 일어난다. 태평천국 혁명은 중국 역사상 규모가 가장 큰 농민 전쟁인데 반세기 후에 또 한 번 전국을 뒤흔드는 의화단 운동이 일어났다.

오래전부터 북방에서는 성격이 다른 두 종류의 비밀 결사조직이 유행하고 있었다. 하나는 종교적인 성격을 띤 조직이었고 다른 하나는 무술적인 성격을 띤 조직이었다.

종교적인 성격을 띤 조직은 주로 백련교에서 분파되어 나온 것으로 예를 들면 팔괘교, 청수교, 천리교, 금단교 등이 있다. 이 조직들은 대체적으로 반청복명(反淸復明: 청 왕조를 반대하고 명 왕조를 광복하자)의 구호 아래 반청운동을 진행하였다.

무술적인 성격을 띤 조직은 의화권, 매화권, 팔괘권, 홍권 등이 있었고 이들은 대개 무술을 익히고 칼 등의 무기를 연마함으로써 자신들을 스스로 지키는 것을 주요 목적으로 하였다.

이 중 의화권은 오래된 권(拳)에 속하는데 청나라 중엽에 팔괘교와 청수교의 영향을 받아 종교적 색채도 띠게 되었다. 이들은 주로 산동과 천진에서 활동하였다.

의화단의 구성원 대다수는 가난한 농민이거나 아니면 수공업자들이었는데 열강들과 벌인 전쟁 실패로 인한 배상금문제와 모든 손실은 모두 이들의 부담으로 전가되어 농민들의 생활은 갈수록 어려워졌다. 특히 중일전쟁 후에 그들의 삶이 더욱 고달파

짐에 따라 점차적으로 이들의 구호에 변화가 일어나 '반청복명 (反淸復明)'에서 '부청멸양(扶淸滅洋: 청 왕조를 돕고 서양을 멸하자)'로 변하게 되었다.

그들은 도처에 선전문, 전단, 방 등을 붙였으며 '멸양(滅洋: 서양을 멸하자)'의 주장을 하는 반제 애국운동으로 성격이 바뀌면서 광대한 민중의 지지를 받았으므로 성세가 점점 더 커졌다.

의화단에서 서양 세력을 반대하는 논리를 당시의 선전문을 통하여 살펴볼 수 있다. 아래 내용은 의화단 멸양의 종지라고 할 수 있다.

"단지 40여 년 만에 중국 땅에서 서양인들이 도처를 누비고 다니는데 우리 의화단은 삼월 안으로 이들을 모두 죽여 중원에 서양인이 있는 것을 허용하지 않을 것이다. 그리고 중국에 남아 있는 나머지 서양 사람들은 본국으로 추방할 것이며 중국 땅에 할거해서 이상한 일을 하지 못하게 한다.

병법을 바꾸고 '권'을 배우도록 도와주고 귀신을 내치는 것은 어려운 일이 아니다. 그 방법은 철로를 부수고 전선을 자르고 그 다음은 큰 화물선을 훼손하는 방법을 채택할 것이다. 이렇게 되면 프랑스는 간담이 서늘해질 것이고 영국은 세력이 썰렁해질 것이다. 우리 모두 모든 귀신을 다 죽이고 대청왕조의 강산을 통일하자.

중국의 물건을 양놈들이 다 빼앗아 가게 할 수는 없다. 중국의 땅을 양놈들이 다 점령하게 할 수는 없다. 우리나라를 위하여 우리가 살 수 있도록 남자는 칼을 들고 여자는 총을 들고 일어나자."[56]

---

56) 사혁신, 『중국시즘양윤위반식민지적』, 북경: 북경과학기술출판사, 1995년, 131~132쪽.

이러한 선전 내용을 통해서 우리는 의화단 운동이 막연하게 외국 세력에 대해 배타적인 성격을 띠고 있는 것을 살펴볼 수 있다. 그러나 한편으로는 이 내용에 의화단원들의 숭고한 애국정신이 깃들어 있는 것은 부인할 수 없는 사실이다.

이들 구성원들은 당시에 저소득층에 속하는 백성 가운 데서도 지극히 어렵게 하루하루를 살아가는 빈농들이 주요 구성원이었다.

의화단이 처음 시작된 곳은 산동성이었으며 의화권이 의화단으로 개칭한 것은 1898년 6월 산동순무 장여매가 의화권을 여러 향단(鄉團)에 편입시키어 마을을 지키게 하자고 제의하였고 1899년 후임 산동순무 육현은 이를 승인하여 의화단(義和團)으로 개칭하였다.

2) 의화단의 특성

의화단의 신앙 대상은 매우 복잡하여 각종의 신령(神靈) 또는 역사나 소설 속의 유명 인물 예를 들면 『삼국연의』·『서유기』·『봉신방』 등에 나오는 제갈량, 손오공, 저팔계 등의 위패를 모셔 놓고 이들을 보호신으로 숭배한다.

의화단의 기층 조직은 단(壇)이며 혹은 단구(壇口)라고 하기도 한다. 각 단에서는 8괘(건, 감, 간, 진, 손, 리, 곤, 태)의 이름으로 단의 명칭을 짓는다. 각 단의 **인원수**는 수십 명이 되기도 하고 많을 때는 수만 명에 이르기도 한다.

각 단의 **수령**은 대사형(大師兄), 이사형(二師兄)으로 부르며 이들 단의 수령들은 단독으로 활동하기도 하고 인접한 단과 함께 활동하기도 한다. 그리고 총수령은 모든 단을 망라해서 가장 명성이 있는 자가 담당하며 명칭은 노사(老師), 단수(壇首), 조사(祖師)라고 한다.

그러나 이 총수령은 모든 단을 총괄하는 지도부가 없어 총수령은 자신이 관할하는 단에서 이 기능을 수행하였다.[57]

1900년 6월 영국 해군장교 서마(西摩)는 8국 연합군 2천여 명을 인솔하고 기차를 타고 천진에서 출발해서 북경으로 진군하게 되었는데 그 당시 진군상황에 대해서 서마는 다음과 같이 회상한다.

> 원래 몇 시간 후에 북경으로 진군은 문제없으리라 생각했다. 그러나 가는 도중 무서운 복병인 의화단의 세찬 저항을 만났다. 그래서 이 연합군은 첫째 날 46킬로미터를 진군했고, 둘째 날에는 16킬로미터를 진군, 셋째 날에는 5킬로미터를 진군했으며 넷째 날 랑방(廊坊) 정류장에 도착한 후로는 한 발짝도 움직일 수 없게 되는 동시에 의화단의 포위를 당하게 되었다.

이를 통해서 당시 의화단의 8국 연합군에 대한 기세와 그 저항

---

57) 중국 근대사편사조, 『중국 근대사』, 북경: 신화서점, 297쪽.

정도가 어떠했는지 미루어 짐작이 가능하다. 그리고 영군해군은 6월 18일 격전 끝에 사상자가 속출해서 결국 천진으로 도망가는데 도망가는 도중에도 계속 의화단의 습격을 받아 결국 러시아군의 후원군 도움을 받아 25일 간신히 천진 조차지에 도착할 수 있었다.

서마는 "만약에 의화단이 갖고 있는 무기가 신식무기였더라면 우리 영국군은 틀림없이 전멸했을 것이다"고 말했다.[58]

결국에는 8국 연합군에 의해 북경이 점령당하고 자금성을 비롯한 주요 군사 거점이 점령당하였다. 하지만 주목할 점은 연합군이 북경성으로 침입하자 청 정부의 황제와 관원들은 자신의 안녕과 행복을 위하여 북경성을 버리고 열하로 황망히 도주하는데 정신이 없는 반면에 의화단은 애국심으로 똘똘 뭉쳐 조금의 주저함도 없이 강력한 신식무기로 무장한 연합군과 죽음을 두려워하지 않고 불굴의 정신으로 맞서 싸웠다고 한다.

그 당시 외국 목격자의 기재에 의하면 "북경이 함락할 당시 연합군과 의화단이 고전한 곳마다 폐허가 되고 잿더미가 되었다. 총살당하고 찔려 죽은 중국 사람의 시체가 큰길에 산더미처럼 쌓여 있었다"고 증언하고 있다.[59]

---

58) 사혁신, 『중국시즘양윤위반식민지적』, 북경: 북경과학기술출판사, 1995년, 132쪽.
59) 각주 57)과 같음, 133쪽.

2. 8국 연합군의 북경 침입

유신운동 중에 서구열강은 서태후 대신에 광서와 유신파를 선택하여 두둔하고 지지하였다. 여기에다가 강유위와 양계초가 국외로 도망간 것도 외국인이 도움을 주고 보호한 것이었으며 이들은 국외로 도망간 후에 보황회(保皇會)를 조직하여 외국인과 화교와 연합하여 광서황제 지지운동을 벌였다. 이후에 서태후의 서양에 대한 미운 마음은 극에 달하였다.

이런 상황에서 의화단 운동이 일어나자 청 정부는 의화단이 서양 세력들을 제어하는 데 이용할 수 있다고 판단하였고 서태후는 비밀리에 조서를 내려 의화단이 수도로 진격할 것을 지시하였다(1900년).

의화단은 철로와 전선은 서양인들이 중국을 해하는 데 쓰는 것이라고 하여 북경으로 진격하는 과정에 철로를 부수고 전선을 절단하였으며 그리고 가정에 서양 서적을 소장하거나 서양 옷을 입은 사람 혹은 안경을 쓴 사람들은 '이모자(二毛子)'라고 하며 잡자마자 죽였다.

이 과정에서 교회와 선교사 그리고 교민이 피해를 면하기는 매우 힘들었다. 북경 진입 후에는 도처에 壇을 설치하고 주민들을 강제로 압박하여 향을 태우게 하여 온 성안이 향 연기로 자욱

하였다. 이들은 부주의 신술(符咒의 神術)을 익히면 총과 대포를 맞아도 몸에 들어가지 않는다고 선전하였다.

여기에다가 조정에서는 부단히 의화단을 격려하니 운동의 양상은 점차 확대되어 갔다. 5월에는 일본 대사관 서기 삼산빈(杉山彬)과 독일공사 덕림(德林) 역시 모두 살해되었으며 청병과 의화단은 공사관을 포위하여 공격하였다. 이에 영국, 프랑스, 미국, 러시아, 일본, 독일, 오스트리아 8개국 연합군이 중국침략을 단행하여 대고(大沽) 입구를 공격한다.

〈그림 11〉 의화단에 동정적이었던 甘軍.
감군의 일부는 의화단에 가입하였다

아편전쟁 이래로 쉴 틈도 없이 서양제국으로부터 침공을 당해 온 중국은 세계의 최강국 8개국이 연합하여 중국으로 진공하자 공황상태에 빠진다.

준비할 정신도 없는 상황에서 청 정부는 8국 연합군에 대해 선전포고를(5월 25일) 하여 보지만 동남쪽의 각 성(산동, 강소, 안

휘, 강서, 호북, 호남, 광동, 광서) 등은 군사와 정치의 대권을 장
악한 원세개, 유곤일, 장지동 등이 조정의 명령을 듣지 않고 상호
간에 협의하여 제국주의 세력에게 "외인(外人)을 보호하고 의화
단도적을 토벌한다"고 약속하였다. 이에 정부의 연합군의 침공
에 대한 저항은 소극적일 수밖에 없었다.

8국 연합군이 천진을 공략한 이후에 길을 나누어 북경으로 진
군할 때 의화단의 작전은 매우 용감하였다. 그러나 서양의 선진
적인 군대와 포화는 막을 수가 없어 계속 패퇴하였다. 서태후는
정세가 위급함을 보고 이전에 그러했던 것처럼 곧 광서제를 데
리고 산서성으로 피신하였다. 산서성 피신 후 연합군이 산서성을
공격한다는 소문을 듣고 또 섬서성 서안으로 재차 피신하였다.

연합군은 북경으로 치고 들어온 이후 마음대로 살인, 방화, 강
간과 약탈을 자행하였다. 이 결과 온 도성 안은 시체가 나뒹굴었
고 피는 흘러 강을 이루었으며 절규의 외침은 지축을 흔들었다.
불빛이 충천한데 북경과 천진 일대에 연합군에 의하여 돌아갈
집이 없는 사람들은 30만 이상이었다. 황제 일가가 소장한 진귀
한 보물과 재물은 철저하게 남김없이 모두 약탈해 갔다.

의화단운동의 역사적 작용에 대해서는 3종의 의견이 있다.

첫째, 의화단운동은 역사의 타성역량(惰性力量)이다. 제국주의
세력들이 대포와 군함을 이용하여 동방의 낙후한 국가들을 침략

한 것은 역사적인 사실이다. 하지만 이와 동시에 그들은 이러한 침략의 과정에서 새로운 생산과 생활방식을 이들 국가에 가져다 주었으며 동시에 본질적인 면에서 이들 국가들을 이끌어 주는 면도 있었다.

반면에 의화단 세력들은 오히려 맹목적으로 외세를 배척하고 무고한 사람들을 해쳤으며 또한 철로, 기차, 화물선, 전선, 기계 등 일체의 근대 과학기술 등에 대해서 공격함으로써 엄밀하게 보면 이는 새로운 생산방식과 생활방식에 대한 반항이었다. 따라서 의화단은 바로 역사의 타성역량(惰性力量)이 되었던 것이다.

둘째, 의화단운동은 중국자본주의의 성장과 발전을 촉진하고 발전시켰다. 제국주의와 봉건주의는 중국 자본주의의 발전을 속박하는 양대 밧줄이었다. 그런데 의화단운동이 일어남으로써 이 양대 밧줄은 타격을 받았으며 중국 자본주의 발전의 속박역량을 약화시켰다.

이는 단연코 중국자본주의 발전에 유리한 조건을 제시한 것이다. 의화단의 서양제품에 대한 반대투쟁은 이후 서양제품 제재운동에 매우 큰 영향과 선구적인 역할을 하였다.

셋째, 의화단운동은 제국주의가 중국을 과분하려는 미몽을 분쇄하고 심하게 봉건통치에 타격을 주었으며 또한 중국인민의 각성을 촉진하였고 신해혁명의 신속한 성공을 위하여 장애를 제공하였다.[60]

3. 신축조약

본래 연합군은 전쟁 후에 중국을 瓜分할 생각이었으나 제국주의 간에 의견이 맞지 않고(얼마 되지 않아 러일전쟁이 일어남) 또 청 정부는 이미 완전히 굴복하여 이미 많은 이득을 취했으므로 생각을 접게 된다. 결국 1901년 9월 7일 신축조약을 체결하게 되는데 이 조약에서 연합군은 많은 이권을 얻는다.

주요 조약 사항은 아래와 같다.

1. 4억 5천만 냥을 배상한다.

2. 각국 공사관의 경계를 나누어 각국 공사의 관리하에 두며 중국인민의 거주를 불허한다. 아울러 각국은 병사를 주둔시켜 이 지역을 보호한다(이로써 각국 공사관은 중국의 상급 정부가 된다).

3. 북경에서 연해안에 이르는 각 포대를 철거하며 북경과 천진 등 각 성과 시에 각국은 병사를 주둔시킨다.

4. 배외단체(排外團體)에 가입하는 것을 영원히 금지한다.

5. 만일 각 성의 문무관원이 외국인이 상해를 입었는데도 불구하고 즉각적으로 엄히 조치하지 않으면 해당관원을 파직시

60) 장세제 · 오진체, 『중국 근대사참고자료』, 사천: 신화서점, 52쪽.

키고 영원히 임용하지 않는다.

조약이 체결된 후에 연합군은 철수하였으며 서태후도 광서제를 데리고 서안에서 북경으로 돌아와 일상의 행복을 누렸다. 이 이후로부터 청 정부는 제국주의 세력에 대하여 어떠한 압박도 가하지 않았으며 감히 조금의 저항도 하지 않았다. 그러나 중국 백성은 이로부터 더욱더 각성하기 시작했다. 제국주의를 물리치기 위해서는 근대적 국민국가 수립이 필요하다는 것을 각성하기 시작하였다.

4. 청 정부의 멸망과 중화민국건립

신축조약 이후 청 조정은 전쟁에 대한 패배의 대가로 4억 5천만 냥의 배상금을 지불해야 하였다. 열강은 39년 분할상환의 우대조건을 제시하는 배려를 주었지만 이율이 무려 100억 냥에 달하였다. 이것도 미덥지 못한지 관세와 염세로 저당까지 요구하였다.

천문학적인 배상금은 어디서 구하여야 하는가? 중국인 1인당은 1냥을 그들에게 갚아야 했다. 하루하루의 삶이 고통이고 아픔이었던 민중들의 삶은 이로부터 더욱더 피폐되었으며 그들이 선택할 수 있는 길은 거지가 되어 구걸하거나 폭도가 되어 청 정부에 저항하는 방법 외에는 없었다.

심각한 국가재정 위기 상황에서 청 정부는 배상금 마련을 위하여 민중들을 이전보다 더 착취하였으며 그리고 문제를 해결하기 위한 근원적인 해결책은 제시하지 못한다.

이에 자산계급 세력과 지식인들은 혁명만이 중국을 살릴 수 있는 유일한 길이라고 확신하였고 드디어 혁명의 길을 선택한다. 혁명의 영도세력은 자산계급 정당인 동맹회였다. 동맹회는 흥중회에서 비롯된 정당이었다.

흥중회는 1894년 손중산 선생이 로스앤젤레스에서 창립한 단체로 농후한 개량주의적 색채를 띠고 있었다. 이들은 비록 명확한 정치적 강령은 없었으나 후에 청 정부가 더욱더 부패해지자 개량적인 성향에서 혁명적인 방향으로 전환하게 된다.

〈그림 12〉 손중산(1912년 1월 중화민국임시총통에 당선될 때의 모습)

손중산 선생은 먼저 삼민주의의 주장을 확정하였고 이어서 1905년 흥중회와 화흥회 그리고 광복회를 합병하여 동맹회를 탄생시켰다. 동맹회가 공포한 당의 강령은 다음과 같다.

청 정부를 전복한다.

공화민국을 건립한다.

세계의 진정한 평화를 유지한다.

토지의 국유화를 주장한다.

중일 양국국민의 연합을 주장한다.

세계열강에 중국혁명 사업을 찬성할 것을 요구한다.

동맹회의 강령을 통해서 우리는 동맹회 안에 이미 진보적 자산계급의 혁명사상이 있음을 알 수 있다. 이 강령 중에서 우리가 주목할 점은 동맹회가 제출한 '평균지권(平均地權)'의 구호로서 이러한 혁명적인 정책은 광대한 농민의 지지를 얻었다. 그들은 이와 같은 대다수 민중들의 불같은 지지가 있었기 때문에 혁명 전의 10여 차례의 거사 실패에도 불구하고 꿋꿋하게 혁명운동을 진행할 수 있었던 것이다. 오직 혁명의 불이 타오를 때를 민중들은 목말라 기다리고 있었다.

이런 상황에서 1911년 4월 청 정부는 철로국유화를 선포한다. 철로에 투자했던 투자자들은 악연실색이었다. 나라가 백성들을 속인 사기 사건이었다. 분노한 투자자들과 사천성 대표들이 관할 관청에 가서 청원을 하자 청 정부는 이들 대표들 십여 명을 구속시킨다. 그러자 군중들이 관청으로 몰려 들어가 석방을 요구하자 청병들은 군중을 향해 발포하여 40여 명을 쏘아 죽인다.

혁명의 도화선이었다. 민주를 그리워하고 외치며 몸부림쳤던 중국 민중에게 드디어 기회가 주어졌다. 혁명의 불꽃이 타오르는 도화선이 되었다. 각 성에서는 주권을 회복하는 민주운동을 벌였으며 드디어 중국 역사의 새로운 장이 열리는 신해혁명이 폭발한다.

1911년 10월 10일(선통 3년, 즉 신해년) 공정영이라고 불리는 무창의 신군 중 일부는 혁명당과 모의하여 거사를 일으킨다. 이들은 군계국을 점령하고 정참(正站)로 진공하여 총독 서징을 도주케 한다. 이로써 무창은 혁명군에 의하여 점령된다. 이로부터 신군(新軍)은 민군(民軍)으로 개명하고 중화민국 군정부를 성립한다.

무창 거사 후 각 성은 분분히 호응하였고 한 달이 되지 않아 혁명군은 10여 개 성을 점령하였다. 이에 청 정부는 헌법을 반포하여 원세개로 하여금 내각을 조직하여 혁명을 약화시키려고 하였고 또 군대를 파견하여 무한의 민군을 반공하여 한양을 점령하였으나 몰락하는 정세를 만회하기에는 때가 너무 늦어 있었다. 남경이 민군에 의하여 함락되고 각 성 대표는 남경에 모여 임시 정부를 성립하게 된다.

여기서 손중산 선생은 임시 대총통으로 선출되었고 국호는 중화민국으로 정하였다. 민국 원년(1912년) 원단(元旦) 손중산 선생은 남경에서 취임하였고 이어서 유명한 임시약법(臨時約法)을 제정하였다. 그리고 음력을 양력으로 바꾸고 오색의 깃발을 사용하여 오족(五族)공화국임을 표시하였다.

드디어 1912년(민국 원년) 2월 12일 청 황제 부이는 퇴위하였으며 민군은 청 황제 퇴위 시의 우대조건을 승인하였다:

1. 청 황제의 존호(尊號)를 보존하며 환제는 계속 북경의 황궁
   에 거주토록 한다.

2. 매년 4백만 냥의 비용을 지급한다.

3. 청 황제 및 그 황족들의 재산을 몰수하지 않는다.

4. 왕공세작(王公世爵)은 일률적으로 옛 규칙을 따른다.

〈그림 13〉 마지막 황제 부이
(1906~1967)가
3살 때인 1909년
황제에 즉위한 후
의 모습

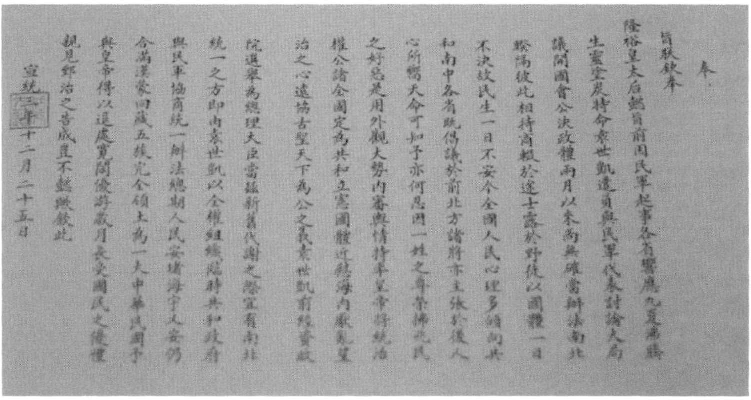
奉
旨朕欽奉
隆裕皇太后懿旨前因民軍起事各省響應九夏沸騰
生靈塗炭特命袁世凱遣員與民軍代表討論大局
議開國會公決政體兩月以來尚無確當辦法南北
暌隔彼此相持商輟於途士露於野徒以國體一日
不決故民生一日不安今全國人民心理多傾向共
和南中各省既倡議於前北方諸將亦主張於後人
心所嚮天命可知予亦何忍因一姓之尊榮拂兆民
之好惡是用外觀大勢內審輿情特率皇帝將統治
權公諸全國定為共和立憲國體近慰海內厭亂望
治之心遠協古聖天下為公之義袁世凱前經資政
院選舉為總理大臣當茲新舊代謝之際宜有南北
統一之方即由袁世凱以全權組織臨時共和政府
與民軍協商統一辦法總期人民安堵海宇乂安仍
合滿漢蒙回藏五族完全領土為一大中華民國予
與皇帝得以退處寬閒優游歲月長受國民之優禮
親見郅治之告成豈不懿歟欽此
宣統三年十二月二十五日

〈그림 14〉 1912년 2월 12일 부이가 반포한 퇴위조서(북경수도박물관 복제품 소장)

신해혁명은 나름대로 성공적인 측면이 있다. 그중 주요한 측면은 중국에서 몇천 년간 유지되어 온 왕 중심의 정치체제 제도를 종식시켰다는 사실이다. 역사의 대전환점이 되는 사건이었다. 이때부터 민중들은 역사의 주인은 민중 자신이라는 사실을 확실하게 인식하기 시작하였으며 이들은 당당하게 역사 무대의 전면에 머리를 내밀 수 있게 되었다.

신해혁명은 본래 민중에 의한 민주혁명이었다. 그러나 이 민주혁명은 청 정부를 전복시키는 데는 성공하였으나 실제는 실패한 혁명이었다. 신해혁명은 혁명적 개혁은 조금도 집행하지 않았으며 단지 청 황제의 손아귀에 있었던 봉건정권을 군벌이었던 원세개의 수중에 쥐여 준 것에 불과하였다.

즉 청 정부를 '중화민국'이라는 빈 푯말로 바꾸어 오히려 원세개

가 공개적으로 매국하고 공개적으로 민중을 기만하고 황제를 하게
함으로써 이후 혼란한 북양군벌의 시대가 전개되는 국면이 형성되
게 하였다. 따라서 신해혁명은 위대한 실패한 혁명이라고 명명할
수 있는 것이다. 이러한 이유로 신해혁명 후에도 중국 민중은 전과
마찬가지로 아픔과 슬픔의 생활을 계속하였고 희망과 기쁨이 없는
암흑의 군벌세상에서 한동안 혼란한 삶을 영위하였다.

〈그림 15〉 1912년 3월 10일 원
세개가 북경에서 임시
대총통에 취임하였다
(위, 아래 사진)

마치는 말

본래 양귀비꽃은 중국에서는 일반적으로 양귀비(罌粟)이나 우미인(虞美人)이라고 하는데 전설에 우미인은 진나라 말 항우의 애비(愛妃)인 우희의 칭호이다.

그녀는 강소성 술양현 언집진 사람으로 용모가 아름답고 검무에 능하였다. 기원전 209年, 항우가 삼촌인 항량을 도와 회계태수를 죽이고 오중에서 거사했다. 이때 우희는 항우의 용맹함을 애모하여 항우의 첩이 되어 출정할 때도 자주 같이하였다.

항량이 죽고 항우는 상장군이 되었고 이때부터 우희는 항우를 그림자처럼 따라다녔다고 한다. 그러다가 유방과의 싸움 중 항우는 안휘성 영현 해하에서 포위당하였다. 이곳에서 병사는 고립되고 양식은 다하고 밤에는 사방에서 초나라 노래가 울려 퍼진다.

결국 항우의 비극적 결말과 상실감을 차마 볼 수 없었던 우희는 자결을 선택한다(≪史记·项羽本纪≫). 그가 죽어 피 흘린 자리에는 예쁜 양귀비꽃이 피어오른다. 이로 인하여 중국에서는 이 꽃을 우미인이라 한다.

아편(Opium)의 어원은 그리스어 Opos(식물즙)나 Opion(양귀비의 즙액)에서 온 것으로 보고 있으며 중국인들이 Opium을 음역하여 아편(鴉片)이라 하였다. 수메르인들의 공예품에서 양귀비꽃이 발견되는 것으로 보아 그 역사는 기원전 40세기까지 거슬러 올라갈 수 있으며 이후 그리스인들이 양귀비의 껍질에서 아편을 추출하여 사용하였던 것으로 보인다.

아편은 양귀비의 덜 익은 꼬투리(껍질)에서 채취한다. 그 씨는 마약성분이 거의 없어서 베이글에 고명으로 놓아먹거나 그 씨는 기름으로 짜내어 사용하기도 한다. 하지만 껍질에서 추출되는 아편으로 인하여 대부분 국가에서는 양귀비 재배를 법으로 금지하고 있다. 산지는 지중해 동부 산악지역, 아시아의 서쪽 끝에 있는 흑해, 에게 해, 지중해에 둘러싸인 터키, 이집트, 이란 등지이며 7세기 무렵 페르시아에서 중국으로 전해졌다. 현재에는 인도와 터키가 주요한 양대 주요 산지이며 이 외에 중국, 태국, 버마 변경 지역에서 불법적으로 재배, 유통되고 있다. 전 세계의 생산량은 약 100만kg 이상 된다.

아편은 생아편·의약용 아편·흡연용 아편으로 나눈다. 생아편은 덜 익은 양귀비 열매에 상처를 내어 유출되는 유액(乳液)을 채집하여 건조시켜서 덩어리로 만든 것이다. 의약용 아편은 건조된 덩어리를 가루로 하여 모르핀의 함유량을 10%로 조절한 것을 '아편 말'이라고 하는데 이를 의약용으로 사용한다. 아편 말은 갈색의 가루이며, 특이한 냄새가 나고 맛은 매우 쓰다. 흡연용 아편은 생아편을 물에 녹여 불용분(不溶分)을 제거한 후 증발 농축하여 엑스상(狀)으로 만든 것으로서, 곰방대를 이용하여 피운다.

이 아편의 성분 중 사람에게 진통, 진해, 진정, 최면의 작용을 하는 성분이 모르핀이다. 양질의 아편에는 9~14%의 모르핀이 함유되어 있는데 1805년 독일의 약제사 제르튀르너(F. W. A. Serturner)가 최초로 추출에 성공했다고 한다.

그러나 흡연용으로 사용되는 이 아편은 지속적으로 흡입하거나 사용하면 만성중독을 일으켜 양을 점점 증가시켜야 효력이 있으며 또한 이를 끊으려고 하여도 금단 현상이 매우 심해 완전히 아편을 끊기는 거의 불가능한 것으로 알려져 있다.

일단 중독이 되면 잠시도 아편이 없이는 살 수 없으며 끊는 것 역시 본인의 의지로는 불가능하며 반드시 병원에 입원하여 치료를 받아야 한다.

이 같은 아편의 위해에 대해서 **'아편 귀신'**이라는 말을 쓸 정도로 죽어야만 비로소 해결할 수 있을 정도로 중독성이 매우 강한 것이다. 그런데 중국 근대화 운동의 거두이며 중국 근대사를 대표하는 이홍장도 역시 아편 중독자였다고 한다.

1896년 3월 28일 이홍장은 러시아 황제의 생일을 축하하기 위하여 러시아로 출발하였고 한 달 만인 4월 27일에 도착하였다. 그리고 5월 8일부터 피츠버그에서 러시아 측과 회담을 진행하는데 이때 러시아 대표가 이홍장에게 아편을 하시겠냐고 물으니 이홍장이 갑자기 괴성을 질렀다. 이에 갑자기 옆방에 있던 하인 둘이 아편과 담뱃대를 들고 뛰어왔다고 한다.

이 당시 중국 사회는 아편으로 인하여 절망의 깊은 늪에 빠졌으며 이 문제를 해결해야 할 책임을 진 사람이 바로 이홍장이다. 이런 현상을 무엇으로 설명할 수 있겠는가? 문제를 해결해야 할 장본인인 이홍장 자신이 바로 아편흡입자라는 사실은 매우 이상한 사실이기도 하지만 청 왕조의 실권자인 점을 감안할 때 청 왕조의 운명이 실로 걱정스러울 뿐만 아니라 앞날이 캄캄하고 어떠한 희망과 방법이 보이지 않았을 것이다.

청 왕조 말엽의 사회의 전반적인 분위기를 살펴보면 아편흡입의 문제는 생각보다 훨씬 더 심각함을 실감할 수 있다. 정부 관리와 지식인 부자 심지어는 일반 백성들도 스스로 아편 귀신이 되는 것을 원하였다. 그들은 죄의식도 없었다. 그들은 마약을 통하여 삶에 지친 마음을 위로받았으며 환상 속에서 일상을 살아가고 있었다. 정부도 더 이상 관여할 자격과 능력을 상실하였다. 망국의 기운이 서서히 일어나고 있었다.

1840년 **아편전쟁**이 발발한 지 70여 년 만에 마지막 봉건왕조 청 왕조는 멸망하였다. 역사의 순리적 발전이라는 측면에서는 민중과 정의의 승리라고 할 수 있다. 하지만 역사의 교훈을 통해 발전적 삶을 지향해야 한다는 측면에서 전쟁 발발의 원인에 관해서는 분명한 역사적 규명이 있어야 한다.

마르크스와 엥겔스는 전쟁 발발 10여 년이 지난 1850년대에 아편전쟁은 영국이 중국에 대해 발동한 불의의 전쟁이라고 분명히 전쟁의 성격에 대해 밝힌 적이 있다.

전쟁의 원인을 밝히는 문제는 역사학의 감계작용적인 측면에서 보면 매우 중요한 일이며 또한 역사학을 전공하는 사람은 이에 대해서 보다 객관적인 역사 서술을 하도록 노력해야 함은 자명한 사실이다.

아편전쟁은 서방 자본주의 국가가 무력의 수단으로 중국을 경제적 지배권 안에 넣으려 하였던 영국의 침략 전쟁이었으며 중국 입장에서 보면 영국이 아편무역을 보호하기 위하여 일으킨 전쟁에 대한 반침략의 정의의 전쟁이라고 할 수 있다. 이것이 바로 아편전쟁 발생의 중요한 원인이 됨은 자명한 사실이다.

전쟁으로 인하여 중국이 근대화로 이행되었지만 이것만으로는 영국의 아편보호를 위한 대중 전쟁은 정당화될 수 없는 것이다. 전쟁으로 인하여 아픔을 겪는 사람들의 고통과 슬픔이 너무나 크기 때문이다. 누가 감히 그들을 위하여 변론할 수 있겠는가?

아편전쟁의 상처가 치료되기도 전에 남경에는 강력한 종교국가인 태평천국이 건국되었다. 홍수전은 **태평천국**을 건국할 때 혁명의 동지들에게 밥이 있으면 같이 나누어 먹고 옷이 있으면 같이 나누어 입고 돈이 있으면 같이 나누어 쓰자고 굳게 맹세하였다.

홍수전과 그들은 뼈아픈 시련과 고초를 같이 겪고 나누었기에 형제였으며 또한 사랑하는 친구 사이였다.

그러나 오래지 않아 홍수전과 백성들의 관계는 처음에 주장하였던 형제도 친구도 아닌 상태로 변하게 되었다.

지도층들은 더 이상 백성들에게 연민의 정을 느끼지도 않았다. 그들은 고난과 즐거움을 같이하겠다던 모든 약속을 저버렸다. 이로부터 서로 간의 믿음과 신뢰는 **더 이상** 존재하지 않았으니 그들과 민중들과의 거리는 점점 멀어지기 시작하였다.

교만한 마음이 싹트기 시작한 태평천국의 지도자들은 자신의 행복과 즐거움에만 관심을 가졌으며 그동안에 정을 나눈 사람의 삶에는 더 이상 관심을 가지지 않았다. 그들은 처음에 약속하였던 모든 것들을 배신하고 사치하고 방탕한 생활을 하였다.

천하의 왕조로 자처하였던 청 왕조는 **외적으로 내적으로** 아편전쟁과 태평천국이라는 국가적 시련을 겪는다.

자존심에 큰 상처를 받은 청 왕조는 1864년 태평천국이 멸망하는 해부터 30년 동안 서양의 총기류와 군함을 도입의 필요성을 절감하고 서양의 총기류를 도입하고 그리고 이들을 만들 수 있는 공장을 설립하는 등 혁신적인 조치를 취하는 데 상당한 열을 올린다.

그러나 이 같은 개혁 조치(**양무운동**)는 근본적인 정치 체제의 개혁이 없이 실행되었으므로 소위 '중체서용'이라는 정책은 별다른 효과를 내지 못하였다.

작은 섬나라이고 군사력도 보잘것없다고 무시하였던 일본 앞에 무릎 꿇는 그 순간 중국인들은 놀라움을 금치 못하였고 청 왕조의 체면은 크게 손상되었다.

결국 한판의 **청일전쟁** 싸움에서 양무는 완전히 파산하게 된다. 당시 신관료와 신지식인들은 정치체제를 개진하지 않고서 '**양무운동(洋務運動)**'이니 '부국강병(富國强兵)'을 하는 것은 모두 청 왕조 통치의 수명을 연장할 수 없다는 것을 깨닫게 된다.

또한 이 문제의 해결이 없이는 중국의 멸망을 구할 수 없다고 판단하게 된다. 이에 강유위·양계초 등이 주도하는 **유신운동**이 산생한다.

그러나 이미 청 왕조의 운명은 풍전등화의 위기에 처하였다.

아편을 하지 않으면 세련되지 않은 사람이 되었고 이런 풍조를 바로잡아야 할 주요 관리들은 대부분이 아편 귀신이 되어 있었다.

순수하고 힘없고 가난한 백성들은 살아갈 수 있는 힘도 살아갈 수 있는 희망도 용기도 잃어버렸다. 그들은 허기진 배를 잊기 위하여 아편을 피웠다.

마음과 몸이 병들어 버린 청 왕조의 운명은 이미 망국의 길로 들어섰다. 다행인 것은 민중들이 깨우치기 시작한 사실이다. 중국 민중들은 억압과 굴욕의 역사에서 깨어나기 시작하였다.

그리고 불굴의 의지로 이 혁명을 계획하고 주도한 지도자 손 중산 선생이 출현하면서 중국의 대지에는 희망찬 서광이 보이기 시작하였다. 이 서광은 중국 백성에게 꿈과 희망을 안겨 주었다.

중국 민중의 최종선택은 민주공화국 **중화민국**이었다. 이로부터 민중들의 생활 속에서도 천국의 쾌락과 지옥의 고통을 동시에 가져다주는 아편은 점점 멀어졌고 잊혀 갔다.

참고문헌

1. 이교,『청대관장백태』, 북경: 중국인민대학출판사, 1990년.
2. 오연인,『20년간 목도한 괴현상』, 상해: 상해서점출판, 1994년.
3. 주종진,『진가공화』, 산서: 산서출판사, 2008.
4. 권태욱 외 9명 역, Thomas de Quincey, The Pleasures and Pains of Opium, 편앤런, 1996.
5. 김재선,『모택동과 문화대혁명』, 한국학술정보, 2009.
6.「淸代宮廷薩滿祭祀初探」, 이수전 주편,『淸代宮廷薩滿祭祀硏究』, 吉林: 吉林文史出版社, 1992.
7. 이붕년 외 4인,『청대 중앙국가기관 개술』, 북경: 자금성출판사, 1989.
8. 양백화,『근대중국외교적거변－외교제도여중외관계적연구』, 대만대북: 대만 상무인서관 국민80(1991).
9.『주판이무시말(籌辦夷務始末)』(동치조(同治朝)), 권 40.
10.『주판이무시말(籌辦夷務始末)』(동치조(同治朝)), 권 39.
11. 유광화(劉光華),「초리아문설치전청정판리대외사무적기관」,『국립정치대학 역사학보』, 제3기, (1985년 3월).
12. 중국근대사자료총간『중일전쟁』, 신지식출판사.
13. 정명남 외,『제국주의 침화사』제1권.
14. 궁명,『중국근대사연구술평선』, 중국인민대학출판사, 1986년.
15. 장정,『중국근대사연구』, 대만: 이인서국, 1982.
16. 중국사회과학원근대사연구소,『중국근대사고』, 북경: 인민출판사, 1978년.
17. 호승,『아편전쟁에서 5.4운동까지』, 북경: 홍기출판사, 1982년.
18. 인민교육출판사역사실 편저,『중국근대현대사』, 길림: 인민교육출판사, 1992.
19.『태평천일』, 중국근대사자료총간『태평천국』제2책, 신주국광사, 1952년.
20. 김재선,「홍수전 정유이몽 별설」,『중국근대사』, 중국인민대학 서보자료중심, 1993. 12.

21. 『태평조서』, 중국근대사자료총간 『태평천국』 제1책, 신주국광사, 1952년.

22. 장세제 · 오진체, 『중국근대사 참고자료』, 고등교육출판사.

23. 『중국통사참고자료 · 근대』 상, 장세제 · 오진체, 『중국근대사 참고자료』, 고등교육출판사.

24. 『인민일보 · 사론』, 1951년 1월 11일.

25. 모가기, 「태평천국사연구술평」, 궁명 편, 『중국근대사연구술평선』, 중국인민대출판사, 궁명출판사.

26. 인민교육출판사역사실 편저, 『중국근대현대사』, 길림: 인민교육출판사, 1992.

27. 원서의, 「이홍장여유신운동」, 『역사연구』, 중국: 1984년 5기.

28. 하동원, 「양무운동발전론」, 『사회과학전선』, 1980년 3기.

29. 호승, 『종아편전쟁도오사운동』, 중국: 상해인민출판사, 1982년.

30. 중국근대사편사조, 『중국근대사』, 북경: 중화서국, 1991.

31. 『제국주의는 자본주의의 최고단계이다』, 레닌전집 2권.

32. 왕운생, 『60년래 중국과 일본』 2권, 중국: 삼련서점, 1960년.

33. 『옹문공공일기』, 중국근대사자료총간, 『중일전쟁』 4책.

34. 범문란, 『중국근대사』 상책, 북경: 인민출판사, 1962년.

35. 양광미, 「광서와 서태후간의 모순의 성질 분석」, 『역사교학』, 1980년 제12기.

36. 방용위, 「장건일기로부터 중일전쟁시의 제후 당쟁을 본다」, 『강해학간』, 1962년 9기.

37. 하동, 「중일 갑오전쟁 중의 이홍장과 옹동화」, 『북방논총』, 1984년 제1기.

38. 장해붕, 『간명중국근대사도집』, 북경: 장성출판사.

39. (미)강념덕 저, 양천홍 등 역, 『이홍장과 중국 군사공업 근대화』 사천대출판사, 1992년.

40. 장세제 · 오진체, 『중국근대사참고자료』, 사천: 신화서점.

41. 사혁신, 『중국시즘양윤위반식민지적』, 북경: 북경과학기술출판사, 1995.

42. 이효제 편저, 『역사하』, 대만: 용등문화사업구분유한공사.

43. 곽의생 주편, 『태평천국역사 지도집』, 북경: 중국지도출판사, 1989.

44. 팽구송 · 김재선, 『원문동이전』, 서문문화사.

45. 김재선, 『한글동이전』, 서문문화사.

46. 대일 외 2인, 『갑오전쟁여동아정치』, 북경: 중국사회과학출판사, 1994.

김재선 ─────────

강원도 춘천에서 태어남
동국대학교 사학과 졸업
대만 개원불교연구소 불교철학연구
중국 사천사대 역사연구소 석사
중국중앙민족대 민족사연구소 박사
현재 대진대학교 사학과 교수

『한글동이전』(1999)
『발해문자연구』(2003)
『모택동과 문화대혁명』(2009)
「이태백과 발해문자」 등 다수

아편과 **근대중국**

초 판 인 쇄 | 2010년 10월 30일
초 판 발 행 | 2010년 10월 30일

지 은 이 | 김재선
펴 낸 이 | 채종준
펴 낸 곳 | 한국학술정보㈜
주　　 소 | 경기도 파주시 교하읍 문발리 파주출판문화정보산업단지 513-5
전　　 화 | 031) 908-3181(대표)
팩　　 스 | 031) 908-3189
홈 페 이 지 | http://ebook.kstudy.com
E - m a i l | 출판사업부 publish@kstudy.com
등　　 록 | 제일산-115호(2000. 6. 19)

ISBN　　978-89-268-1572-4 93910 (Paper Book)
　　　　978-89-268-1573-1 98910 (e-Book)

내일을여는지식 ■ 은 시대와 시대의 지식을 이어 갑니다.